Shinmai Sensho 信毎選書

島崎藤村『破戒』のモデル 大江磯吉とその時代

東　栄蔵

Higashi Eizo

2003年10月、飯田市下殿岡の円通寺境内（旧知止小校）
に建てられた大江磯吉の胸像

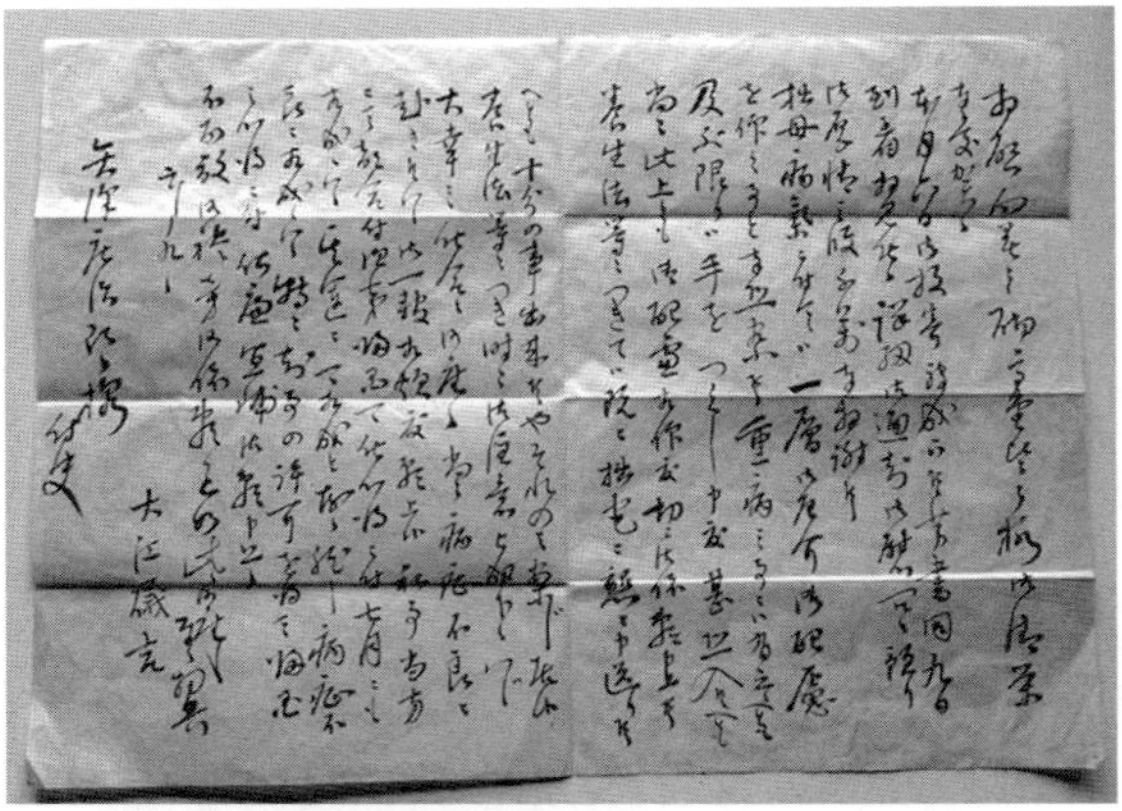

郷里の友人矢沢庄次郎から届いた、磯吉の母の病気を知らせる手紙への返事（矢沢尚氏蔵）

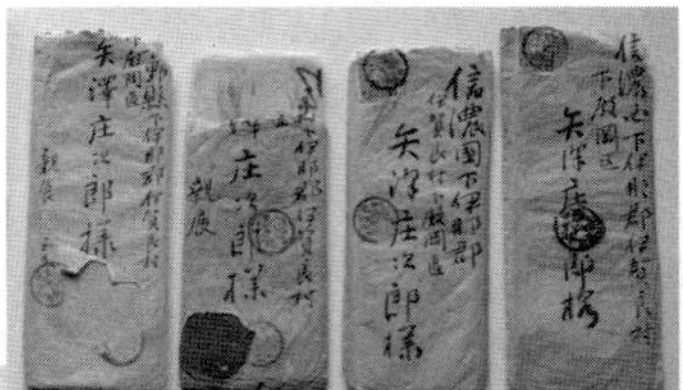

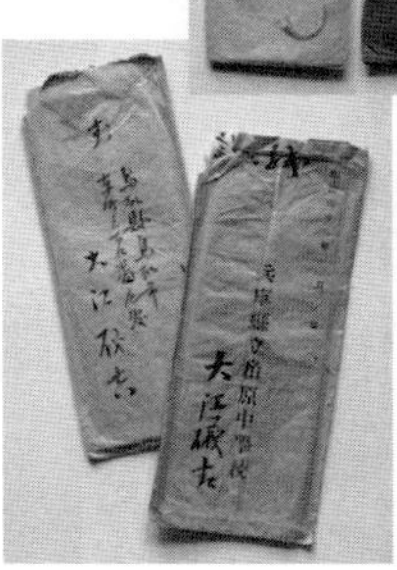

矢沢家に残る磯吉からの手紙。「鳥取市東町三百九番屋敷」の住所から、鳥取県尋常師範学校時代の磯吉が、鳥取藩家老の旧邸あたりに住んでいたことがわかる（矢沢尚氏蔵）

磯吉の生家跡

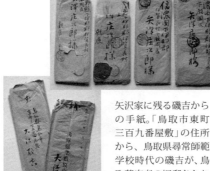

大江磯吉の肖像（著者蔵）

墓に刻まれた墓碑

飯田市下殿岡の共同墓地にある大江家と磯吉の墓

磯吉胸像と知止小校跡碑

はじめに

島崎藤村《しまざきとうそん》の小説『破戒《はかい》』の主人公（瀬川丑松《せがわうしまつ》・猪子蓮太郎《いのこれんたろう》）には実在のモデルがいた。藤村は若き日に小諸義塾《こもろぎじゅく》の教師として小諸に住んだなかで、大江磯吉《おおえいそきち》のことを聞き知り、「ひどく私の心を動か」されたことが決定的動機となり、これをモデルにして『破戒』を描いたのであった。しかし藤村が「聞き得らるゝ限り聞いて見」た大江磯吉像の内実は、ほとんど書き残されていない。

大江磯吉は慶応四（明治元＝一八六八）年に現在の飯田市下殿岡《しもとのおか》の「被差別民」として生まれ、貧窮のなかでみずから培った「忍と力」の精神によって、受難とたたかいながら教育者への道を切り拓いていった。そして先駆的な教育実践を続けているなかで、はからざる病のため明治三十五（一九〇二）年三十四歳余の若さで亡くなった。

大江磯吉が、長野県・大阪府・鳥取県・兵庫県をひたすらに駆けぬけたその先駆的な三十四年余の生涯像は、戦前はほとんど埋もれたままだった。

戦後になって長野県内の郷土史家によって大江磯吉研究の先鞭がつけられ、少数の研究者によって個々に少しずつ大江の実像へのアプローチが続けられてきて、五十余年を経た。私も、『破戒』研究とかかわって大江磯吉探究を断続的に地道に続けてきてすでに三十余年経った。そしてこれら個々の研究が交わり合って、ようやく大江磯吉の生涯像の全容が見えるようになってきた。長い道程《みちのり》であった。

本書『島崎藤村「破戒」のモデル 大江磯吉とその時代』は、「藤村の小諸――大江磯吉の発見」を〝序章〟とし、大江磯吉の生涯とその時代とのかかわりを、「長野県時代の大江磯吉」「大阪府尋常師範学校教諭時代」「鳥取県尋常師範学校教諭時代」「兵庫県柏原《かいばら》中学校長、三十四歳の死」の四章に構成し、評伝的に書き下ろしたものである。

目　次

目　次

表記について

一、年暦は、幕末期はすべて西暦を併記した。明治期以降は原則として元号を用いたが、必要に応じて西暦も併記した。

一、作品名・単行本・雑誌は『　』で、論文・書簡・新聞および引用文は「　」で統一した。

一、引用した明治期大正期の作品・論文・書簡などの資料については、次のようにした。

(1) 旧字体のうち新字体のあるものは新字体にした。ただし特別のものは旧字体のままにした。

(2) 旧仮名づかいおよび送り仮名は、原文のままにした。また片仮名と平仮名の混用したものも原文のままとした。

(3) 句読点の有無は原文のままにした。ただし句読点のないものはその相当部分を一字空けにして読みやすくした。

(4) 難読と思われる漢字にはふり仮名を付け、難解と思われる語句にはその下に「注」を挿入した。

Ⅰ

藤村の小諸——大江磯吉の発見

一　小諸義塾教師・島崎藤村

島崎藤村《とうそん》が小諸義塾《こもろぎじゅく》の国語・英語の教師として長野県北佐久郡小諸町（現・小諸市）に赴いたのは、明治三十二（一八九九）年四月、二十七歳のとき。旧師木村熊二《くまじ》の招きによるものであった。そして貧しい教師として小諸に六年間住み、詩から散文に転ずるなかで「大江磯吉《おおえいそきち》」を発見したことが決定的な契機になって『破戒《はかい》』の稿を起こしたのであった。

藤村と木村熊二の出会い

木村熊二は、弘化二（一八四五）年に現在の兵庫県北部にあった出石《いずし》藩の儒臣桜井石門《せきもん》の二男に生まれた。安政元（一八五四）年九歳のとき、父の高弟で聖堂都講《とこう》（注・聖堂の塾頭）の木村琶山《はざん》の養子となり、聖堂で学ぶとともに河田迪斎《てきさい》の塾にも通った。さらに昌平黌《しょうへいこう》（注・江戸幕府の儒学を主とした学校）に入り、佐藤一斎・安積艮斎《あさかごんさい》について修学する。やがて幕末動乱のなかで田口鐙《とう》（田口鼎軒《ていけん》の姉）と結婚した。そして明治三年二十五歳のとき、森有礼《ありのり》の書記官外山《とやま》正一の勧めと勝海舟の配慮により、アメリカに留学する。木村は留学期限の三カ年経ったとき帰国を拒み、刻苦して十二年間にわたって文学・哲学・神学から生理学・解剖学まで学ぶ。これはミシガン州ハーランドのホープカレッジ学長ヘルプスの理解と支援があったためである。そしてマスター・オブ・アーツの学位と牧師の資格を得て、明治十五年に帰国する。その間の消息の一部は『木村熊二日記』（東京女子大学比較文化研究所編、一九八一年刊）のなかに記されている。

帰国した木村は明治政府からの招聘《しょうへい》を断り、野に在って一牧師として布教に専念する。そして明治十八年に妻の鐙と協力して、キリスト教ミッションに資金援助を求めず私財をなげうって、開明的な私学・明治女学校を創設する。そして明治二十二年に最初の卒業生を母体にして三年課程の高等科を設けたが、これは近代日本における女子高等教育の先駆であった（明治女学校は明治四十二年に廃校になったが、創学の精神は卒業生の個性的な在野の生き方のなかに遺っている。たとえば野上弥生子・相馬黒光・羽仁もと子など）。

島崎春樹《はるき》（藤村）は、明治十四年九歳のとき、木曽・馬籠《まごめ》から上京し、主として吉村忠道の家に寓居して少年期青春期の約十年間を過ごした。泰明《たいめい》学校を卒業した春樹は、明治十九年十四歳のとき、芝にあった旧制中学三田英学校に入学するが、同年九月に英語教育に定評のあった神田の共立学校（のちの開成中学）に転入学する。そしてここで、非常勤講師としての木村熊二に出会う。アメリカの作家アーヴィングの『スケッチブック』抄をテキストにした木村の異色の英語授業を通じてその豊かな人間性に心ひかれる。木村もまた他の生徒と異なる春樹少年の個性を見抜く。まさに邂逅《かいこう》というにふさわしい。その縁《えにし》で、藤村は明治学院普通学部本科を卒業した後の明治二十五年二十歳のときからの一時期、明治女学校高等科で英語の教鞭をとることにもなったのである。

小諸義塾の開塾

木村熊二の片腕になって明治女学校の運営に尽力していた妻の鐙は、はからずも当時流行していたコレラに罹《かか》って明治十九年三十九歳で急逝する。やがてひとり息子の祐吉が不測の事故により身体障害者になる。このような不幸が重なるなかで失意の木村は、明治女学校長の職責を愛弟子《まな》の巌本善治《いわもとよしはる》に託し、みずからは牧師の仕事に専念する。そして明治二十五年一月に、「日本基督《キリスト》教会築地伝道委員会」の承認をえて、かねて念願していた信州佐久地方への伝道の旅に出る。やがて自由民権運動家でキリスト教徒の早川権弥《ごんや》の支援により南佐久郡前山村（現・佐久市）に住み、また同郡野沢町（現・佐久市）の並木薬局

（当主並木伯太郎はキリスト教徒）に寄寓して布教活動を続けていた。ちなみに鐙亡きあとの木村は、明治二十一年に伊藤華《はな》（越前藩儒伊藤家の二女）と再婚したが、故あって明治二十九年一月離婚。同年九月に東儀鉄笛《とうぎてつてき》の妹で、フェリス女学校出身の東儀隆《たか》（二十五歳）と再婚した。

当時の南北佐久地方には、小学校高等科を終えてさらに向学の志《こころざし》をもつ若者の学ぶ学校はまだ皆無だった。小県《ちいさがた》郡上田町（現・上田市）に東信濃ただ一つの長野県尋常中学校上田支校があったが、小諸駅から上田駅までの汽車賃は片道十四銭（これは白米一升五合の価に近かった）かかり、さらに南佐久郡臼田方面から小諸駅まで出てくるには、一日四往復の「時間（定期）馬車」を利用しなければならなかった。

こうした状態のなかで、小諸町の小山太郎は、有志とともに向学心をひそめた若者のために、自分たちの力で自分たちの「学舎《まなびや》」を創ろうと志していた。小山太郎は明治四年生まれ。小諸尋常高等小学校を卒業したのちの明治二十年に上京し、東京農事試験場で蚕病学を学び、さらに東京和仏法律学校で法律学を学んで、明治二十四年に帰郷した。そして父の跡を継いで蚕種製造に従事していたが、叔父小山久之助と親交のあった中江兆民《ちょうみん》の影響を受け、地域の青少年たちの啓発活動に深い関心をいだいていた。

木村が伝道のために野沢町に来住していることを知った小山は、みずから並木薬局に木村を訪ねて、私塾・小諸義塾創立の構想を語り、塾長就任を懇請した。小山の熱意は木村に受けとめられ、明治二十六年十一月二十五日に小諸義塾は開塾したのであった。既述のように、豊かな学識と反骨をひそめた木村ゆえに、小山の姿勢に共鳴し、山深い佐久地方の小さな私塾・小諸義塾の塾長として小諸町にとどまり、地域の若者たちの向学の志をくみ、ともに歩もうとしたのである。

小諸義塾を開塾した当初は、小諸町耳取《みみとり》の佐藤知敬《ともたか》の家の八畳の離れを借り、義塾創立委員の小山を中心とした八人の有志で、木村ひとりの指導を受けて自主的な学習をはじめた。やがて佐久・小県一円から志をひそめた若者たちが集まるようになり、塾舎を小諸城大手門（瓦門）の三階の畳敷の広間に移した。そして明治二十九年八月には、創立委員や篤志家の寄付により、懐古園《かいこえん》入り口の三之門近くに洋館二階建ての塾舎が新築されたのである。

藤村の赴任

藤村が塾長木村熊二の招きを受けて小諸義塾の教師として赴任した明治三十二年四月に

は、すでに塾舎は新築されており塾生も増えていた。それゆえ国語・英語の教師を必要としていたのであった。しかし小諸義塾の最盛期でも教師は木村塾長を含めて七人であり、塾生は一年一クラス制で三学年、総数の平均五十人であった（明治三十二年度四十五人、同三十三年度四十九人、同三十四年度六十九人、同三十五年度五十六人、同三十六年度三十六人）。そして藤村の月俸は三十五円だった（明治三十七年からは義塾の財政難により二十五円に減額）。

明治三十年二十五歳のとき、日本近代詩の源流と言われている『若菜集』を世に問うた新進詩人藤村に、奈良県の中学校から高給での招聘があった。それを断ってあえて山国小諸の小さな私塾に赴いたのは、少年の日に木村との邂逅があったからである。

藤村は『千曲川のスケッチ』の「序」のなかで、小諸へ赴いたときの心境と小諸在住の体験にひそむ心事とを、次のように述べている。

「もつと自分を新鮮に、そして簡素にすることはないか。」

これは私が都会の空気の中から脱け出して、あの山国へ行つた時の心であつた。私は信州の百姓の中へ行つて種種《いろ〳〵》なことを学んだ。田舎《いなか》教師としての私は小諸義塾で町の商人や旧士族やそれから百姓の子弟を教へるのが勤めであつたけれども、一方から言へば私は学校の小使からも生徒の父兄からも学んだ。到頭《とうとう》七年の長い月日をあの山の上で送つた。私の心は詩から小説の形式を択《えら》ぶやうに成つた。

この文言には、藤村が木村の招きを主体的に受けとめて小諸に赴いたことと、小諸での生活のなかで培ったものの意味とが、凝縮して述べられている。木村が信州佐久地方の伝道に赴き、地域の若者の願いに共鳴して小諸義塾を創立しその運営に尽くしていた精神と通い合うものがある。

小諸義塾の教師たち

小諸義塾は教師七人の小さな私塾であったが、木村塾長や藤村のほかにも、異色の個性と力量と在野の精神をひそめた教師たちがいた。数学と理科を担当した鮫島晋《さめじますすむ》は、明治の初めに高田藩（現・上越市）の貢進生《こうしんせい》（注・選抜の留学生）として大学南校（後の東京大学理学部）でフランス人教師に数学を学んだ稀少の理学士の一人。同志とともに旧学制における特色ある専門学校となった物理学校の創設にたずさわり、ついで郷里の高田中学校の教頭となったが、いつの間にか職を辞して野に下った。そして明治二十九年には小県郡上田町で数学の私塾を開いていた。これを知った木村熊二は、鮫島を小諸義塾へ招聘し、鮫島もまた木村塾長の期待に応えて小諸へ来住したのであった。藤村はこの年長の同僚鮫島の個性に心ひかれたことは、『千曲川のスケッチ』のなかにも書かれているが、さらに後の短編小説『岩石の間』や『貧しき理学士』に鮫島をヴィヴィッドに描いている。

また図画教師の丸山晩霞《ばんか》は小県郡祢津村（現・東御市）の生まれ。明治三十二年に欧米へ美術行脚《あんぎゃ》をし、水彩画・山岳画の新進画家として注目されていた。藤村は『千曲川のスケッチ』のなかの「烏帽子《えぼし》山麓の牧場」や「山に住む人々の一」などに、晩霞を〝水彩画家B君〟として書いている。

これらの教師たちによる小諸義塾の教育は新鮮であり特色があった。

小諸義塾の閉塾

小諸義塾は日露戦争後の明治三十九年三月閉塾になり、木村熊二の志は十三年で閉ざされてしまった（藤村はその前年に『破戒』未定稿をたずさえて上京した）。その直接的な原因はいくつか挙げられるが、私見では、当時の問屋街（商業小都市）小諸の有力者層に時代の動きの奥を見る精神と木村の志の深さを見る眼が足りなかったことが、根本的要因だと考えられる。

明治三十九年三月三十一日、小諸駅から長野市へ向かう木村を見送った小諸義塾創立の中心メンバーだった小山太郎は、その『日記』に次のように書き残している。「小諸義塾設立以来青年教育十三年、女子学習舎を起し女子教育にも尽し、洋桃栽培・鑵詰事業を奨励するなど、地方の恩師たりしも、遂にその容るる処とならず、木村先生当町を辞し、二番列車にて長野へ去る。小諸駅見送り人の重なる顔ぶれ、小山久左衛門、平野五兵衛、小山太郎。其の他見受る人なし。澆季《ぎょうき》の世也」。「澆季」の「澆」は軽薄、「季」は末の意ゆえ、小山の「澆季の世也」(人情の浮薄になった末世だ)という嘆きには、小諸義塾閉塾への批判と木村への愛惜がいみじくも込められている。

藤村の文学的源泉

小諸の藤村は、詩人から小説家への転身を決意して、『落梅集』に収めた「小諸なる古城のほとり」などの詩作と並行して観察記録「雲」を書き、口語散文のスタディとして「原・千曲川のスケッチ」の稿を書いた。そしてそのなかで得た新しい表現方法を塾生の国語教育（作文指導）のなかに生かすとともに、『旧主人』『藁草履《わらぞうり》』『老嬢』『水彩画家』『椰子《やし》の葉蔭《はかげ》』などの短編小説〝千曲河畔の物語〟を描いた。それらの上に立って日露戦争下の明治三十七年に長編小説『破戒』の稿を起こしたのである。若き藤村の小諸での六年間は、藤村の文学的生涯における重要な契機を培った時代であった。

小諸時代の藤村とのかかわりでよく知られている人は、前述の木村熊二であり小諸義塾同僚の鮫島晋や丸山晩霞であり、藤村の支援者神津猛《たけし》などである。また『千曲川のスケッチ』や第一感想集『新片町より』などに書かれている無名の人びと――生活者としての藤村の交わった人・見聞した人もさまざまである。これらのなかで藤村文学に最も大きな意味をもつ人は、「大江磯吉」であったと言える。それは大江磯吉の発見が決定的な動機となって『破戒』が描かれたからである。そして平野謙が新潮文庫の『破戒』解説で言及しているように、「藤村の文学的出発点として、『破戒』は藤村個人にとっても、また近代日本のリアリズム文学の歴史にとっても、何度もそこへ立ちかえるべき文学的源泉にほかならない」からである。『破戒』は明治三十八年十一月二十七日に脱稿、翌三十九年三月二十五日に自費出版された。

二　『破戒』と大江磯吉

大江磯吉について藤村自身が直接言及した文章は、次の二編である。「『破戒』の著者が見たる山国の新平民」（初出は『文庫』明治三十九年六月、感想集『新片町より』には「山国の新平民」と改題して収められている）と「眼醒《めざ》めたものの悲しみ」（「読売新聞」大正十二年四月四日）である。

「山国の新平民」にみる大江磯吉

まず「山国の新平民」から、大江磯吉に関する叙述を引用してみる。

『破戒』の著者が見たる山国の新平民

長野の師範校に教鞭を執つた人で、何んでも伊那の高遠《たかとお》辺から出た新平民といふことで、心理学か何かを担当して居た一人の講師があつた。私が小諸の馬場裏に居つた時分、隣家《となり》の伊東喜知《いとうよしとも》さんといふ小学校教師をして居る人があつたが、氏は其人に会つたことがあるとの話だつた。頭脳《あたま》が確かで学問もあつて、且つ人物としても勝《すぐ》れて居たといふ。それから私は種々《いろ〳〵》な人に会つて、其人のことを聞いて見たが、孰《いず》れも賞讃して居た。其の人は師範校を其んな関係で出て、中国の方の中学校に行つた。が、何処にも落着いて居られないで、二三ヶ所学校を替へて、終《しまい》にある中学の校長にまでなつた。お茶の水の附属の中学に奉職して居られた伊藤長七《いとうちょうしち》君、彼《あ》の人が私のところへ来ての話には、実は亡くなる前に其人に会つたといふことで、中学校の校長会議の時に出て来たことがあつて、其の時伊藤君の所へも訪ねて来たさうだ。教科書事件の為めに冤罪で入獄した知己《ちき》があつたので、其知己が赦免《しゃめん》されるやう尽力して、是非助けたいと言つて居たさうだ。其時が伊藤君の会つた最後なのだが、其人のことを地方人が嗅ぎつけて、彼是《かれこれ》言ひ出したものがあるとかいふ伊藤君の話だつた。其人に私は会つたことはないが、新平民としては異数な人で、彼様《あゝ》云ふ階級の中から其様《そん》な人物の生れたといふことが、ひどく私の心を動かした。それで其人のことを聞き得らるゝ限り聞いて見て、実に悲惨な生涯だと想ひ浮べた。其人が亡くなつたのは、私がまだ小諸に居つた頃で、心あるものには惜しまれたといふことも聞いた。
それから私は新平民に興味を有し、新平民の――信州の新平民のことを調べて見ようと思立つのだが、それに就いて種々の不審を打たれた人もある。（後略）

伊東喜知との出会い

藤村は小諸に赴いた明治三十二（一八九九）年の五月三日に、函館の網問屋秦慶治《はたけいじ》の三女フユと結婚し、旧士族屋敷のあった馬場裏の、藁葺《わらぶ》き平屋建ての二棟続きの借家の西隣に住む。家賃月二円五十銭。そしてその東隣に、大江磯吉のことを藤村に最初に話してくれた伊東喜知《よしとも》一家が住んでいた。

伊東(1)は、嘉永四（一八五一）年二月に小諸藩士伊東家の長男に生まれた。明治十年四月に上田藩士松岡家の長女つると結婚し、二男三女を儲《もう》けた。伊東は長野県師範学校の卒業生ではなく、刻苦して検定によって訓導の資格を得た。初めて北佐久郡北大井尋常小学校（現・小諸東小学校）の校長に任ぜられたのは明治二十八年三月、四十五歳のとき。月俸十四円であった。そして明治三十三年十一月十六日付で同郡三井尋常小学校長に転任、明治三十七年五月四日付で病気による依願退職をし、翌三十八年六月二十一日に五十四歳で亡くなっている。

伊東が五年八カ月校長を務めた北大井尋常小学校は、校区内に長野県で最も大きな被差別部落（約百三十戸）をかかえていた。特に明治三十年からは加増分教場（被差別部落の児童だけが学んでいた惟善《いぜん》学校＝荒堀学校が、明治二十五年から北大井尋常小学校加増分教場となったもの）の児童たちが、新築の本校（北大井尋常小学校）に通学できるようになってからは、被差別部落の児童たちへの差別事件が頻発《ひんぱつ》した。その対応に校長としての伊東の苦慮ははかりしれないものがあったと考えられる。それゆえに大江磯吉についての関心も余人よりは深く切実であったといえよう。

伊東は、家族ぐるみで懇意になった隣人・藤村が若くして高名な詩人であり信頼できる教師であったがゆえに、内に秘めていた大江のことを率直に話したものと考えられる（ちなみに、藤村・フユに長女緑《みどり》が明治三十三年五月三日に生まれた時、伊東の妻つるが取り上げている。また藤村は伊東の二女のぶを小山内薫《おさないかおる》の書生に世話している）。

藤村にとって伊東との出会いこそが、大江磯吉発見の契機であったことを見逃せない。

伊藤長七の教育実践

藤村が「山国の新平民」のなかで、大江磯吉のことを聞いた人として実名を挙げているもう一人は伊藤長七《ちょうしち》である。伊藤は明治十年諏訪郡四賀村（現・諏訪市）の生まれ。明治三十一年三月に長野県師範学校を卒業し、上諏訪・四賀組合立諏訪高等小学校訓導となった。伊藤はヘルバルト派教育学に代表される管理的な〝厳粛主義教育〟を排し、児童の自発的活動を重んずる活動主義教育の気鋭の実践者であった。伊藤と長野県師範学校卒業の同期生には、矢島音次・久保田俊彦（島木赤彦《あかひこ》）・大森忠三・太田貞一（水穂《みずほ》）・清水謹《きん》治《じ》ら個性豊かな人物がいて、共に信州の活動主義教育の推進にかかわっていた。

若き伊藤の意欲的な活動主義教育の実践は児童たちにはよろこばれ慕われたが、周囲の大人たちに理解されなかった。そのため二年間に諏訪高等小学校から下諏訪町、平野村（現・岡谷市）の三校を転じ、ついに諏訪郡教育会から〝公売処分〟（注・明治期の信州教育界における人事異動上の隠語）になる。このとき長野県下の小学校で伊藤を受け入れてくれたのは、ただひとつ小諸尋常高等小学校のみだった。これはⅡ章で詳述する同校首席訓導伴野《ともの》文太郎の配慮によるものであった。伊藤は一年間だけだったが、土蔵を改装した暗い教室で高等科の児童百三十人に対して、節を曲げることなく活動主義教育を実践し、児童たちから慕われた。伊藤が担任した児童のひとり小山広は、のちの回想文「伊藤長七先生を憶《おも》ふ」(2)のなかで、次のように述べている。「常に立志・開拓・創作をモットウとして指導されたが、先生の主唱で同級会をつくり、柿と番茶で発会を催し、之に立志同級会と命名したのも、先生の指導の方針からであった。また先生は感情にもろく、生徒を諭《さと》すに私の指導が及ばないからだと、声涙《せいるい》共に下り、時に共に声を放って泣き出すようなこともあった。こうして教えられたことは僅か一年に過ぎなかったが、その感化は社会人となってから、いよいよ力づけられたことを感ずる」。

このような先進的な教育理念を意欲的に実践していた個性豊かな伊藤ゆえに、小諸尋常高等小学校訓導としての在任一年間に、当時小諸義塾に赴任して二年めの著名な詩人藤村にみずから交誼《こうぎ》を求めたものといえる。そしてその交誼のなかで、藤村は伊藤に大江磯吉のことも聞き、伊藤もまた大江のことを語ったのであろう。藤村が「山国の新平民」のなかで、「お茶の水の附属の中学に奉職して居られた伊藤長七君。彼の人が私のところへ来ての話には、実は亡くなる前に其人に会つたといふことで」と言っている。これは、藤村が『破戒』未定稿をたずさえて上京した明治三十八年四月から『破戒』が刊行された直後の同三十九年五月までの間のこと。伊藤は明治三十四年四月に高等師範学校英語科に合格して上京、三年間の本科を終えてさらに研究科に学び、三十八年三月に卒業し、同校助教授兼附属中学校教諭に任ぜられた。伊藤が藤村を訪ねたのは、おそらく上梓《じょうし》されたばかりの『破戒』の高い評判をきいてのことゆえ、大江のその後のことがおのずと話題になったものであると思う。そして小諸での出会いいらい藤村と伊藤の交誼が続いていたのは、明治三十三年の小諸における藤村と伊藤との出会いが双方にとって忘れがたいものであったためであるといえよう。「お茶の水の附属の中学校」というのは、東京高等師範学校（明治三十五年から改称）の附属中学校のことである。小諸における藤村と伊藤とのかかわりについては、伊藤が明治三十四年五月発行の長野県師範学校の学友会誌『学友』第十三号に寄せた「小諸を去る辞」のなかで述べている次の一節がよく証《あか》している。

一夜月色朧々《ろうろう》として酔月《すいげつ》城（注・小諸城の伝説称）裡《り》春光淡きこと夢の如くなるの夕《ゆうべ》、藤村島崎先生と園中を逍遥《しょうよう》しつつ、花下に温雅なる詩的趣味を聞くを得たり。

「山国の新平民」のなかで、藤村が伊藤から聞いた話として述べている「教科書事件の為めに冤罪で入獄した知己」とは、大江が長野県尋常師範学校教諭時代の首席教諭で、このころ香川県師範学校長となっていた正木直太郎《まさき》である。「其知己が赦免されるやう尽力して、是非助けたいと言つて居た」大江は、明治三十五年五月中旬に東京で開催された全国中学校長会議に兵庫県立柏原《かいばら》中学校長として出席していた。そして東京高等師範学校在学中の後輩にあたる伊藤をも訪ねて協力を求めたものである。伊藤は後に東京府立第五中学校（現・都立小石川高等学校）の初代校長として独自の校風を培ったことで知られる。

藤村に英語を習った長野師範生徒

藤村は『千曲川のスケッチ』〈その四〉の「中棚」のなかで、次のように述べている。

午後の一時過ぎに、私は田圃《たんぼ》側《わき》の道を通つて、千曲川の岸へ出た。蘆《あし》、蓬《よもぎ》、それから短い楊《やなぎ》などの多い石の間で、長野から来て居る師範校の学生と一緒に成《なつ》た。A、A、Wなどいふ連中だ。斯の人達は夏休みを応用して、本を読みに私の家へ通つて居る。

この学生A、A、Wは、長野県師範学校三年生の阿部栄之助（小県郡滋野《しげの》村＝現・東御市）、会津常治《つねはる》（上水内郡柳原《やなぎはら》村＝現・長野市）、若林壬一《じんいち》（埴科《はにしな》郡松代《まつしろ》町＝現・長野市）

である。三人の生徒は明治三十四年の夏休み（七月二十三日から八月二十四日までの一カ月間）に、藤村に頼みこんで、東京高等師範学校進学のために、英語の特別指導を受けにきていたのであった。このとき三人の進学組に伍して同師範学校生の石川政一（上田町）と塩川信吉（小諸町）も加わったという。藤村は五人の生徒に、フランクリンの『自叙伝』をテキストにして、毎日午前二時間（十時〜十二時）と午後二時間（二時〜四時）発音や解釈を教えたという(3)（ちなみに、英語の特別学習指導の謝礼は、一カ月で一人五円。藤村はこれを、貧しい家計の補いにしたり、洋書購入にあてたりした）。その甲斐あって三人は明治三十六年三月の長野県師範学校卒業後に揃って東京高等師範学校に合格・入学した。阿部と若林は地歴科に、会津は英語科に入った。このうち会津は、卒業後東京府立第一高等女学校教諭に赴任したが、大正四年八月三十四歳のとき同校教諭を辞職し、志を立てて英国のマンチェスタアカレッヂ、ロンドン大学ユニヴァシティカレッヂなどに三年間留学。帰国後は早稲田大学第一高等学院教授などになった。

藤村は「山国の新平民」で、「其人（大江磯吉）のことを聞き得らるゝ限り聞いて見て」と言っているなかに、明治三十四年の夏休みに一カ月間も英語の個人指導をして知り合った五人の長野県師範学校生徒も入っているのは確実である。会津が七十歳近くなった晩年、昭和二十九年九月発行の『文芸』臨時増刊号に執筆した回想「小諸時代の島崎先生」のなかで、「大江先生に対する地方民の迫害振りを、明治三十四年夏島崎先生に申しあげた」旨を述べているのは、そのひとつの証《あかし》である。

丸山晩霞の案内で調査

藤村は「山国の新平民」のなかで、大江磯吉のことを「聞き得らるゝ限り聞いて見て」、「それから私は新平民に興味を有し、新平民の――信州の新平民のことを調べて見ようと思立つた……」と言っている。小諸義塾の卒業生小山英助の案内で「小諸の穢多《えた》町（注・北佐久郡北大井村の被差別部落、穢多町は当時の蔑称）に弥右衛門《やゑもん》さんというお頭」を尋ねて「新平民」について「種々《いろいろ》な事」を聞く。さらに小諸義塾の同僚丸山晩霞の案内で、小県郡祢津村（現・東御市）の「穢多の部落」を訪ね、三軒ばかりの家に寄って話を聞いたり観察したりしている。

さらに藤村は「山国の新平民」のなかで「『破戒』の始めに、金持ちの穢多《えた》があつて放逐されると云ふことがあるが、あれは紫屋《むらさきや》の主人といふ穢多の方の大尽《だいじん》に彼様《ああ》いふことがあつたのを書いて見たのである。尤《もっと》も飯山にあつたのではなく、越後の高田にあつた事実である。彼様いふことは有り勝に思へる。／此紫屋の事実に就いては、私が小諸で懇意になつた理学士鮫島晋氏、彼《あ》の人は越後の出生で、当時の出来事を知つて居られるものだから、委敷《くわしく》私に話されたのを書いて見た」と述べている。――「紫屋の主人という穢多の方の大尽」というのは、高田（現・上越市）のK部落の紫屋（大鼓屋）(4)のことと推測される。紫屋の祖先は、慶長年間（一五九六～一六一五）に上杉景勝が信州松代から北陸地方へ動いたとき、連れていった長吏《ちょうり》職の頭・紫屋又三郎の血縁であると言われている。

飯山への取材

藤村が『破戒』構想化のなかで、小諸から遠い奥信濃・飯山《いいやま》町（現・飯山市）を主舞台に選んだのは、次の二つに由来すると考えられる。一つは、明治三十四年の夏休みに英語の個人指導をした長野県師範学校生徒会津常治らから、飯山での大江磯吉受難を聞いたこと。もう一つは、翌三十五年秋に丸山晩霞の案内で飯山を訪ねたときの印象。

そして藤村は三十七年一月十三日に、明確な取材目的で飯山町を再訪した。そのときのことは『千曲川のスケッチ』〈その十〉「千曲川に沿うて」に書かれている。このなかで藤村は、「斯の旅は私独《ひと》りでなく小諸から二人の連《つれ》があつた。いづれも私の家に近いところの娘達で、I、Kといふ連中だ。この二人は小諸の小学を卒《お》へて、師範校の講習を受ける為に飯山まで行くといふ」と述べている。連れの二人の娘のIは白檮山《かしやま》いそじ、Kは三村きの。白檮山いそじは、藤村の借家の家主で小諸町追手町の鳩屋（茶・煙草店）白檮山寅治の娘。三村きのは、明治四十一年に松本女子師範学校を卒業、ついで東京女子高等師範学校臨教体育科を卒業して長野高等女学校の体操教諭となり、大正三年長野県知事になる力石雄一郎と結婚した。二人は小諸尋常高等小学校を卒業して小諸義塾に併設された女子学習舎に学んだ同級生で、女子学習舎では藤村の授業を受けた。二人は志を立てて明治三十六年十月から翌三十七年三月まで飯山町で開かれていた長野県師範学校第三種講習科（下水内講習所）に入学し、真宗寺《しんしゅうじ》に下宿して受講していた。真宗寺に下宿できたのは、小諸尋常高等小学校首席訓導田中直治《なおじ》から飯山尋常高等小学校首席訓導清水謹治（既述のように、長野県師範学校卒業が伊藤長七と同期）への紹介による。第三種講習科というのは、小学校尋常科准教員養成の講習で修業期間六カ月、毎年前期と後期に県内一カ所ずつ郡役所の所在地で開かれたもの。白檮山と三村が入学したときの受講生は四十五人でうち女子生徒は十六人だった。

藤村のこのときの飯山行きは取材目的ゆえに、馬子のような風体をし、「IとKのお供」

として行ったのであった。したがって白幬山と三村にも「島崎だと言うな」と固く口止めしていた。しかし真宗寺の「老奥様」に見破られてしまったことは、Ⅱ章の四で述べる『破戒』後日譚《ごにちものがたり》」のなかで唖峰生《あほうせい》（高野辰之《たつゆき》）が述べているとおりである。

藤村が、小諸義塾の授業が一月十一日から始まっていたのに、一月十三日に飯山町へ行ったのは、「IとKのお供」として内密に取材したかったからである。そのために、第三種講習科の冬休み明けの始業が十四日で、白幬山と三村は十三日に小諸町を出発することを、藤村はあらかじめ聞いていてそれに合わせたのであった。

藤村は白幬山・三村と蟹沢《かにさわ》（現・長野市豊野《とよの》町）の千曲川船着場から川船に乗り、飯山町の下船渡《しものわたし》（注・終着場、現在の中央橋の裾）で下りた（船賃は一人三十五銭）。そして飯山町内の真宗寺へ着くと、すぐに「わたしは娘たちを残しておいて、ひとりで町へ出てみた」。そして「暗くなるまでわたしは雪の中を見て回った」のであった。同夜は真宗寺に泊まり「いろいろ土地の話を聞き、同行した娘たちを残しておいて」、翌十四日朝、橇《そり》で飯山町を発った。

十三日夕方から翌朝にかけて、すでに正体を知られてしまった藤村が真宗寺の老住職井上寂英《じゃくえい》から聞いたことは、老住職の長女瑞枝《たまえ》の夫・藤井宣正《せんしょう》が印度仏蹟探検隊に参加し客死《かくし》した話が中心だった（『千曲川のスケッチ』〈その十一〉「山に住む人々の一」）。藤村はこの話に深く心ひかれ、これを素材にして短編小説『椰子《やし》の葉蔭《はかげ》』を書いたことは知られている。

このとき飯山尋常高等小学校首席訓導の清水は、真宗寺に下宿していた。が、十二年前の飯山尋常小学校助教のとき見聞した大江磯吉差別事件（Ⅱ章で詳述）のことは、藤村に話さなかった。このことは尊敬する保科百助《ほしなもものすけ》がかかわっていたためである。藤村もまた、十二年前の飯山での大江磯吉受難のとき少年だった清水謹治のかかわりなどは聞きえていなかった。そして藤村は小諸義塾の冬休み明けの授業がすでに始まっていたため帰りを急がねばならなかった。

「眼醒めたものの悲しみ」での補足

藤村は、大正十一年三月三日の全国水平社創立後に「読売新聞記者からの需《もと》め」により、「眼醒めたものの悲しみ」を大正十二年四月四日付の同紙に書いた。このなかで藤村は、十七年前の「山国の新平民」で述べた大江磯吉のことを、次のように補足している。

眼醒めたものの悲しみ

『破戒』の主人公は申すまでもなく、一人の若い部落民を書かうとしたものですが、小諸に七年も暮してゐる間に、あの山国で聞いた一人の部落民出の教育者の話、その人の悲惨な運命を伝へ聞いたことが動機になつて、それから私があゝいふ主人公を胸に画くやうになつて行つたのでした。あの小説の中に書いた丑松といふ人物の直接のモデルといふものはなかつたのです。然し、私はあゝいふ無智な人達の中から生れて来た、さうして、さういふ中で人として眼醒《めざ》めた青年の悲しみとでもいふものに深く心を引かれて、それから七年間の小諸生活に出来るだけ部落民の生活といふものを知らうと心がけるやうになつたのです。

このなかで藤村は、「『破戒』の主人公は／一人の若い部落民を書かうとしたもの」だと言い、それは「あの山国で聞いた一人の部落民出の教育者（注・大江磯吉）の話、その人の悲惨な運命を伝へ聞いたことが動機」だと明らかに述べている。

しかし「あの小説の中に書いた丑松といふ人物の直接のモデルといふものはなかつた」

（傍点は引用者）とも言っている。このことは、「聞き得らるゝ限り聞いて見」た大江磯吉の実像をそのまま写したのではないという意味である（ちなみにモデル＝modelという用語は、元は近代の洋画家が制作の対象とした人に名づけたもの。それが援用されて小説・戯曲などの題材とされた実在の人物をも指すようになったものである）。藤村はみずから聞きえた大江磯吉という〝若い部落民出の教育者の運命〟を題材にし、これを作家としての想像力によって小説『破戒』の主人公瀬川丑松《せがわうしまつ》（そして猪子蓮太郎《いのこれんたろう》）を描いたことを強調しようとしたもので、大江磯吉をモデルにしたことを否定したものではない。『破戒』出版後十六年経て藤村があえて「丑松といふ人物の直接のモデルといふものはなかつた」と言及したのは、明治四十二年四月に、啞峰生（高野辰之）の発表した「『破戒』後日譚」のなかで、事実と創作を混同されての非難に反論した経緯が、藤村の心にひそんでいたからといえよう。

新時代の人たちに期待

「眼醒めたものの悲しみ」のなかに、「あゝいふ無智な人達の中から生れて来た」という叙述がある。これは「山国の新平民」のなかの「彼様云ふ階級の中から其様な人物が生れたといふことが」と照応する。この叙述をそれぞれの文脈全体のなかでみれば、被差別部落の人々を蔑視したものではなく、「新平民としては異数な」「一人の部落民出の教育者の」「眼醒めた青年の悲しみとでもいふものに深く心を引かれ」たこと――つまり大江磯吉の実像への関心をきわだたせようとした藤村なりの文言であることがわかる。そのことは、「眼醒めたものの悲しみ」の結びに書かれている次の文章が証している。

私は今度の水平社の運動といふものに就いて詳しいことは知りませんから、立ち入つた意見も述べられませんが、その主張を正しくないとは誰か云ひ得るものはあるまいと思ひます。もつとずつと前から来るべき筈のものが、当然我我の眼の前にやつて来たやうな感じが致します。少くとも他から働きかけられたものでなしに、もつと自発的に、人として眼醒めた新時代の人達が、長い虐《しいた》げの経験から今度の運動が生れて来てゐる事を信じたいと思ひます。

〝千曲河畔の物語〟に描かれた社会意識

全国水平社の運動に対する藤村の理解は間違っているとはいえない。しかし抽象的であり婉曲《えんきょく》な言い方である。これは藤村の部落問題についての認識の限界、つまり部落問題を歴史科学的には知り得ていなかったことを示している（明治期の日本の歴史学は、天皇制を社会科学的に解明することが公的に禁忌されていたことと連動して、底辺の被差別部落にも歴史科学のメスを入れていなかった）。

しかし明治期の小諸での若き藤村は、大江磯吉のことを知り「ひどく私の心を動かし」「それで其人のことを聞き得らるゝ限り聞いて見て」、「それから私は新平民に興味を有し、新平民の――信州の新平民のことを調べて見ようと思立つた」。そしてそのことが決定的な動機となって『破戒』を描いた。その藤村の社会意識の内実とはどのようなものであったのだろうか。

大江磯吉の受難のことは、明治期の信州教育界の関係者には知られていた。が、藤村にそれを受けとめる問題意識がなければ、当時の他の知識人と同じように、傍観的な同情として看過されたことであろう。しかし藤村は大江受難の事実を看過しなかった。むしろ「ひどく私の心を動か」されて、大江のことを「聞き得らるゝ限り聞」き、意欲的に被差別部落を訪ね調べた。藤村のなかの社会意識は、小諸での貧しい田舎教師としての生活のなかで感得し、培ったものであった。そしてその藤村の明治の社会と人間への意識は、藤村みずから〝千曲河畔の物語〟とよぶ『破戒』に先行する短編小説群のなかにいみじくも形象化されている。――小諸の初老の銀行家とその若い後妻を描いた『旧主人』(明治三十五年)、南佐久の農民に取材した『藁草履《わらぞうり》』(明治三十五年)、小県の山村の田沢温泉を舞台にした『老嬢』(明治三十六年)、さらに小県の画家に仮託して内面の秘密を描いた『水彩画家』(明治三十七年)、飯山の真宗寺で取材した『椰子《やし》の葉蔭《はかげ》』(明治三十七年)などこれらはいずれも千曲川流域の風土と生活のなかから、藤村の生活者としての眼が描き出したものである。

『旧主人』の主人公綾《あや》は、富と地位のある田舎町小諸の初老の銀行家の後妻になった東京育ちの若い女性である。綾にとってこの結婚は、〝人間性の自然〟からみれば不自然な人間関係であるが、明治の家族制度とそれに疑いをもたぬ妻であることが美徳とされた社会にあっては、この結婚生活は不自然ではなく、「玉の輿《こし》に乗った」として羨望さえされた。しかし綾はやがて町の若い歯医者と密通する。これはむしろ人間性の自然な関係であって、不自然な人間関係が人間性の自然によって復讐されるわけである。しかし明治の制度と道徳はこれを姦通《かんつう》として裁き、人間性の自然は破綻《はたん》する。こうして若い妻の綾――弱い立場の女性が犠牲になるこの悲劇は、若い妻の自然本能と歳下の「女中」の嫉妬と夫の嫉妬とが重なりあった情念の秘密・苦悩として読みとれる。とともにまた人間性の自然な解放を閉ざしていた明治社会の実態――その旧思想の壁と新しい思想との対立のなかで、弱い立場の女性が犠牲になっていくことへの抗議として読みとることもできる。

このことは『藁草履』が、名誉欲にからむ嫉妬や妻お隅《すみ》の婚前の隠された強姦受難に悩む夫源吉の〝自然本能〟を、貞淑な妻お隅が犠牲にならねばならない明治の南佐久の山村の「ムラ社会」の問題に重ね合わせて描かれていることにも通じている。そしてこのことはまた『老嬢』の瓜生夏子《うりうなつこ》の場合にもっと痛切に影を落としている。ここには、自然な愛欲と私生児の出産という情念の秘密に悩む夏子と、家の束縛や明治の美徳から脱出し新しい自由な生き方を求めて反抗する夏子とが、織りなして描き出されている。こうして夏子は、「醒《さ》めている女と熟する人間の矛盾の中にいる」ゆえに、かえって明治の「家」の制度と個人の近代的目ざめとのなかで苛酷にひき裂かれなければならなかったのである。

『水彩画家』における夫鷹野《たかの》伝吉と妻初子の関係においてもまた、人間の嫉妬や猜疑心《さいぎしん》という情念の秘密を描きながら、醒《さ》めているがゆえに、旧い「家」の制度と新しい個人の思想との交錯のなかで苦悶しなければならない痛ましい姿が追尋されている。

これらの作品に通底していることは、旧い「家」制度にまつわる人間の内的な秘密や苦悩が表現されているとともに、古い遺制が特に弱い立場の人間を傷つけているということである。これは日清・日露の戦争の迫間《はざま》にあった時代の苦悶と矛盾とが、社会のしくみの弱いところへひずみとなって露出したことへの表現とみることができる。

また若い学僧が信州飯山の草庵にいる父に宛てた書簡十七通で構成される『椰子の葉蔭』は、『破戒』の舞台となった飯山町真宗寺の住職井上寂英の娘瑞枝の夫・藤井宣正が、明治三十五年西本願寺の印度仏蹟探検隊に加わったが、病のため客死した痛ましい事実に取材したものである。同じころ書かれた『津軽海峡』は、明治三十六年五月、人生の煩悶からついに日光の華厳《けごん》の滝に投身自殺した第一高等学校の学生藤村操《ふじむらみさお》の事件を、津軽海峡を渡る両親の悲しい旅のなかに描き出したものである。この二つの死はその動機や条件をそれぞれ異にしながらも、二つの死に通底しているものは、時代の早いめざめと純粋な理想をいだいた知識人が、それゆえに時代の犠牲となり、ついに死を選ばなければならなかったという運命を負わされていることである。

藤村はこれら〝千曲河畔の物語〟に描いた社会意識の上に立って、日露戦争下に「人生は大いなる戦場である。作者はその従軍記者である」の覚悟で、長編小説『破戒』を書いた。『破戒』には藤村の明治の社会と人間の矛盾・葛藤への意識がさらに深く具体的に描き出されている。

阿部謹也《きんや》の『「世間」とは何か』（講談社現代新書、一九九五年）で紹介されているところによると、近代日本が西欧から輸入した「society」が「社会」という訳語になったのは明治十年からであり、「individual」が「個人」という訳語に定着したのは明治十七年からだという。しかし西欧で宗教改革や市民革命などを経て確立した「個人」、個人と対をなして成立した「社会」の理念は、日本においては近代化を急ぐあまり土着の精神風土と対決することがないまま、概念だけがひとり歩きしてきているという。

藤村は『破戒』の描写のなかで、場面や人物の状況に応じて、「社会」「社会《よのなか》」「世の中」「世間」と、言葉を使い分けている。これを阿部の「世間論」の論座に照らしてみれば、藤村は小諸での六年間の貧しい田舎教師としての生活のなかで明治の「社会」と「世間」の矛盾を藤村なりに認識しえたからといえる。そして借家のランプのもとで英訳で読んだゾラやモーパッサンなどの自然主義文学に触発されて、その認識を深めたものといえよう。

藤村は「『破戒』の著者が見たる山国の新平民」のなかで、大江のことを「聞き得らるゝ限り聞いて見て」と述べているが、聞き得た大江磯吉の実像についての具体的記述はまことに乏しく断片的である。これは明治期の時代状況にかんがみてあえて書かなかった、いや書けなかったものと推測される。しかし作家藤村が「山国の新平民」のなかに、大江磯吉という実在の人物のことを短い記述ながら明記したこと＝小諸時代の藤村が〝大江磯吉を発見〟したこと＝は、日本近代文学史にとって記念碑ともいうべき『破戒』を生む決定的契機となったこととともに、戦後日本の近代部落史研究と近代教育史研究にとって、質的に大きな課題を提起したという意義も見逃すことができない。

Ⅱ　長野県時代の大江磯吉

一　家族と生い立ち

出生から小学校時代まで

大江磯吉《おおえいそきち》は、慶応四（一八六八＝九月から明治元）年五月二十二日に、父周八・母志のの二男として、信濃国（現・長野県）伊那《いな》郡下殿岡《しもとのおか》村四〇番地に生まれた（明治八年に六カ村が合併して下伊那郡伊賀良《いがら》村下殿岡となったが、明治十四年に元の六カ村に分村。明治二十二年の町村制施行で再び合併し伊賀良村となった。現・飯田市下殿岡）。

飯田市下殿岡区共有文書のうち、嘉永五（一八五二）年三月の伊那郡下殿岡村の宗門《しゅうもん》帳《ちょう》「下役禅宗御改帳」には、大江磯吉の祖父仙之助《せんのすけ》（遷之助のち仙蔵）一家だけが、次のように記載されている。「御届申上候口上書之事　下賤仙之助儀　先年御領分拂被仰附置候處　去亥九月御赦免被成下候ニ附　当村江歸參仕候間　此段御届申上候」。つまり磯吉の祖父仙之助は、天保年間に領分払《りょうぶんばら》いになったが、去る嘉永四（一八五一）年九月に赦免《しゃめん》になり下殿岡村へ帰参した旨の、仙之助の口上による届書である。

大江一家の宗門帳の表紙には「筰《ささら》」「猿牽《さるひき》」「下役《げやく》」などと書かれていて一定していないが、「穢多《えた》身分」ではなく芸能を業とする「被差別民」であったことは間違いない。盛田嘉徳著『中世賤民と雑芸能の研究』（雄山閣、一九四七年）などに拠《よ》ると、東海地方には「筰《ささら》」と呼ばれる人びとが散在していたので、大江一家はその系譜につながるものといえる。したがって大江の祖先は江戸時代に「春駒《はるこま》」を携え放浪の遊芸人として三河地方（東海地方）から信濃国の伊那地方に来て住みついたが、天保年間（一八三〇～一八四四）のいつごろか「領分払」となって他領へ放逐されたものである。

祖父仙之助は文化四（一八〇七）年生まれゆえ、大江一家が「領分払」になったときは二十歳代と推定される。赦免になって帰参した嘉永四（一八五一）年には、四十四歳。そのとき息子（磯吉の父）周八を伴っていた。周八は天保三（一八三二）年生まれ、仙之助とともに帰参したときは十九歳であった。帰参した仙之助と周八は、下殿岡村の八幡宮の境内わきの矢沢由平《よしべい》の土地を借りて藁葺《わらぶ》きの掘っ立て小屋を建てて定住し、殿岡・名古熊・毛賀三カ村（現・飯田市）の「下役」を命じられた。「下役」は警備や斃牛《へいぎゅう》馬《ば》処理など「賤民身分」の者が従事していた仕事である。その報酬は村からの布施米四俵ほどであったと言われている。その貧しさを補うため周八は、「領分払」の間に仙之助と他領を放浪していたとき習い覚え生活の糧《かて》ともしていた「春駒」を、「下役」の間をぬってやる。「春駒」とは、赤白の手綱をつけた作り物の馬の頭を持ち、太鼓や鈴などの囃子《はやし》で祝言を歌いながら門口に舞い込み、「物乞い」をする祝禱芸《しゅくとうげい》である。のちに磯吉も父の肩車に乗って「春駒」についていったという。

周八の懸命な仕事ぶりと真面目な性格は下殿岡村の開明的な圓通寺《えんつうじ》住職らの心をとらえた。圓通寺住職が村の有力者とはかり、周八の妻に伊那郡市田村（現・高森町）の佐々木甚四郎長女志の（安政三年の宗門帳には「猿牽《さるひき》甚四郎娘」と記載されている。ちなみにその後継は絶えている）を世話してくれることになる。こうして周八は、帰参後四年めの秋、志のと下殿岡村の八幡宮で簡素な神前結婚式を挙げた。志のは天保十一（一八四〇）年十月六日生まれ。飯田市に保管されている除籍謄本《とうほん》によれば、志のの大江家入籍は安政二（一八五五）年十月二十日となっているので、志のは十五歳で二十三歳の周八と結婚したことになる（幕末期の女性が十五歳で嫁ぐことはふつうであった）。

やがて周八・志の結婚三年めの安政五（一八五八）年六月十日に、長男虎之助が生まれた。周八二十六歳、志の十八歳のときである。そして慶応四（一八六八）年五月二十二日に二男が誕生。父周八は「磯吉」と命名（下殿岡村の「壬申戸籍《じんしん》」には「磯吉」と記されている)。ついで明治三(一八七〇)年に三男猪吉《いきち》が生まれ、明治十四年五月二十八日に長女宇女《うめの》が生まれた。

明治七年九月に下殿岡村の圓通寺に、矢沢理《おさむ》(戸長)、矢沢和吉(学校世話人総代)らの尽力で、上殿岡村下殿岡村組合立の「知止《ちし》小校」(校名は老子の「止まるを知れば殆《あや》ふからず」に由来している。明治九年から殿岡学校と改称)が開設された。六歳の磯吉は開設されたばかりの知止小校に最初の一年生として入学した。これは「勉強好きな磯吉をぜひ入学させたい」という父周八の強い願いによるものである。同じ信州でも千曲川の上流域から下流域にかけての東北信地方では、被差別部落の児童は入学を排斥されていた時代状況のなかで、知止小校が大江磯吉を村内の他の入学希望児童と同じように受け入れたことは、磯吉のその後の運命を拓いていくうえで大きな意味をもっていた。

日本の最初の近代的教育制度の出発は、明治五年九月五日付の文部省「学制」頒布から。そして各府県が小学校の開設準備をはじめたのは、翌明治六年二月九日付で学区の標準規模などが改正されてからである。

筑摩県《ちくまけん》(信州は明治四年から明治九年まで、筑摩県＝中南信と長野県＝東北信に分かれており、明治九年八月二十一日に合併して現在の長野県となった)は、名古屋を本部とする第二大学区に所属し、県内は第十七（松本）、第十八（高島）、第十九（飯田）、第二十（高山）の四中学区に分かれ、各中学区内にほぼ一村単位に小学区が設けられた。そして二〇〜三〇小学区ごとに「学区取締役」を一人ずつ置いて、学校設立の相談と学事指導に当たらせた。知止小校は「第十九中学区第一七三小学区九五番」、九月入学七月卒業の修学年限四年の下等科だった（明治十九年四月の「小学校令」公布から尋常科と改称、四月入学三月卒業となった。そして尋常科が六年となったのは明治四十一年）。

筑摩県は、幕末いらいの多い寺子屋数に加えて、永山盛輝権令《ながやまもりてるごんれい》（知事）の積極的な学事振興策により、初等教育の普及率は高かった。磯吉の知止小校在学時の明治九年の長野県の就学率は約六三パーセントで全国一だった（小学校就学四年間の義務制が初めて標榜されたのは、「小学校令」公布の明治十九年からである）。

長野県中学校飯田支校へ入学

抜群の成績で殿岡学校を終えた大江磯吉は、明治十一年九月に郡下唯一の飯田学校上等科（明治十九年から高等科と改称。修業年限は下等科修了後四年。明治四十一年からは高等科二年）に進学した。村からの通学は磯吉と三歳年長の矢沢千尋だけだった。

磯吉が飯田学校上等科二年生在学の明治十二年に、二歳年下の弟猪吉が病のため九歳で亡くなる。そして同年二十一歳の兄虎之助は一歳年長のきんと結婚し、翌十三年七月に「なを江」が生まれる。しかし虎之助は明治十四年に賭博《とばく》犯として出奔してしまい、きんは同年十一月に「不熟離縁ニ付送籍」となったので、生まれたばかりのなを江は、祖父母の周八・志のに育てられることになる。

磯吉はこのような家庭内の思いがけない悲しみや災難にめげず、いやそれゆえにこそ自分がもっとしっかりせねばとの思いを強くし、家から学校までの往復三里余り（約十二キロメートル）を歩いて四年間通学し、明治十四年七月に「八年学期小学全科」を卒業した。就学が義務化されていなかった当時、貧窮と身分差別のなかを小学校の下等科上等科の八年全期を卒業することは、たいへんな努力であった。六人の卒業生のうち大江は「試験成績優等」により長野県から頼山陽著『日本政記』を賞与される。そして大江は同年九月の新学期から母校飯田学校下等科（のちの尋常科）の助教（授業生）に採用された。当時は訓導の資格をもった教員が少なかったので、どこの小学校でも上等科（のちの高等科）の優秀な卒業生を助教として雇ったのである。

このことは、磯吉個人にとって大きな励ましであるとともに、大江家にとっても大江家を支援してきた圓通寺住職らにとってもよろこびであった。しかし地域の人びとの大江への妬《ねた》みと出身への中傷がからんだ抗議により、約一年で解雇される。

　このとき大江は、父周八のみずからの被差別体験から「部落差別を乗り越えて生きるには学問こそ大切だ」とのかねての励ましに、みずからの向学心を重ねて、明治十五年六月に飯田町の永昌院《えいしょういん》に創立された郡立下伊那中学校に、矢沢亀次郎を身元保証人として入学する（孫磯吉の進学を深くよろこんだ祖父仙蔵〈仙之助〉は、老衰のため明治十六年七十六歳で死亡した）。長野県には当時、上水内《かみみのち》、小県《ちいさがた》、東筑摩《ひがしちくま》、下伊那《しもいな》の四つの郡立中学校が設立されたが、明治十七年にこの四校が長野県中学校に統合された。郡立時代の上水内中学校が長野本校となり、他は上田支校・松本支校・飯田支校となった。大江磯吉は明治十七年九月に飯田支校初等中学科第二級に編入学し、翌十八年七月に飯田支校第一回生として優秀な成績で卒業した。このときの卒業生は、大江と羽生《はにう》慶三郎の二人だけであった。大江が飯田支校に編入学したときの支校の教員構成は、教場監事村田鈔三郎《しょうざぶろう》ほか教諭一人、助教諭四人、助教諭試補三人、出仕一人、書記二人だった。

　磯吉は家から学校まで往復三里余りを、飯田学校上等科へ通学したと同じように、寒い冬期に下宿することもなく、母の手作りの藁草履《わらぞうり》をはき、粗末な弁当を持って通った。しかし当時の中学校の授業料は月五円五十銭。ほかに教科書・教材などの購入費も必要である。当時白米一升十銭、職人（大工）の日給が平均二十三銭だったことを考えれば、貧しい大江家でこの学費負担ができるとは思えない。母志のは未明に起きて煎餅《せんべい》を焼いて行商を続けたが、これだけではとうてい足りるはずがない。

大江一家を励ましてくれた人びと

このとき、かねて大江一家を励ましてくれていた隣家の地主矢沢由平と由平の息子梅太郎・庄次郎兄弟が、磯吉に支援の手をさしのべ励ましてくれたのであった。――矢沢由平はみずからは農業を営む地主であったが、圓通寺住職と同じように学問に対する理解があった。由平の長男梅太郎は、文久元（一八六一）年の生まれで、磯吉より七歳年長。梅太郎は明治八年一月に知止小校を卒業したあと、第十九中学区（飯田）内の伊那郡飯田第一番小学飯田学校上等科に進み、明治十年五月二十三日に卒業。成績も優れており向学の志に燃えていた梅太郎は父由平の励ましもあって、愛知県豊橋（現・豊橋市）の蘭学医・浅井常三《じょうさん》の塾に入った。ここで医学・漢学などを学習し、さらに上京して予備学舎に学んで力をつけたのち、東京大学別科医科に入学して近代医学を専攻した。

明治十九年五月に東京大学別科医科を卒業した矢沢梅太郎は、翌二十年郷里下殿岡村の生家で開業した。「尚天堂《しょうてんどう》」という医院名は大学の恩師が付けてくれたものであった。尚天堂医院長矢沢梅太郎は明治期下伊那郡における新進の医者であり、明治二十一年には「郡医」を委嘱されている。しかし明治二十七年五月九日に患者の結核に感染して、三十二歳で亡くなり、村人たちに深く哀惜された。

三歳年下の弟庄次郎は、殿岡学校（知止小校）を終えただけの年少のころから父由平を助けて商業や農業の経営にかかわり、父と共に兄梅太郎の修学を物心両面から支援した。兄の死後は医院を廃して地主の矢沢家を継いだ。そして兄の思いが込められている「尚天堂」を屋号として農業に専念し大正十二年十一月十一日に六十歳で亡くなった。庄次郎夫妻は子どもに恵まれなかったため、大正十三年に妻りよの甥尚治《なおじ》を五歳のとき養子にした。梅太郎と庄次郎が記していた『尚天堂日誌』(5)と大江磯吉から梅太郎・庄次郎あての書簡を、養嗣子の矢沢尚治が保存していたために、矢沢一家の大江に対する支援の内実が明らかになったのである。

そして入学した県立中学校飯田支校の武信由太郎《たけのぶよしたろう》教諭と大田幹《こわし》助教諭が、大江の向学心に共感し辞書や参考書を貸して励ましてくれたことも、はからざる大きな支えとなったのである。武信は文久三（一八六三）年鳥取県に生まれて札幌農学校に学び、卒業した明治十七年に飯田支校の英語教諭として赴いた人で、キリスト教精神に立った自由主義者（のちに英語学界で活躍し日本の英語教育学の先駆となった学識者）。大田は天保五（一八三四）年に飯田藩士の家に生まれ、上京して教員資格を修得したのち、「奨匡社《しょうきょうしゃ》」の幹部として松沢求策《きゅうさく》らと自由民権運動を担った。そして明治十五年に、穂高学校（最初の研成学校）校長を辞めて郡立下伊那中学校に赴き「歴史」を担当、ひき続き飯田支校に勤めた人である。

大江が飯田支校に編入学した明治十七年、統合して発足した長野県中学校本校の教場監事は郡立上水内中学校長から転じた小早川潔教諭、そして上田支校の教場監事は郡立小県中学校長から転じた正木直太郎教諭であった。教場監事は現在の教頭に当たる職で、支校の場合は責任者。これら二人の教場監事小早川と正木は、奇しくも大江がのちに長野県と鳥取県の尋常師範学校教諭のとき親炙《しんしゃ》することとなるのである（長野県中学校本校・支校の四校は、明治十九年四月の「中学校令」によって合併され、松本町＝現・松本市に長野県尋常中学校が設置された。明治二十六年五月に再び松本本校、長野・上田・飯田支校の尋常中学四校に改編され、三十二年二月の「中学校令改正」布告により、それぞれ独立の長野県立中学校となった)。

大江は矢沢兄弟や武信・大田両教師の励ましのなかで、借りた辞書や参考書を夜を徹して粗末なノートに書き写したり、ランプの灯油が乏しいので夜は月光で読書するなど刻苦して学習を続けた。大江が異例の中学校卒業をかち得たのは、彼自身が貧窮と差別に負けないで孜々《しし》として学び続けたことと、被差別部落の住民に偏見をもった人々が多かったなかで矢沢兄弟や武信・大田両教師のような少数の人道主義的知識人の大江への支援があったためと言える。

二　長野県師範学校から高等師範学校へ

長野県師範学校へ入学

明治政府は、明治四（一八七一）年八月二十八日付で太政官《だじょうかん》から「穢多非人等之稱被廢候條自今身分職業共平民同様タルヘキ事」といういわゆる〝解放令〟を布告した。しかしこれは実質の伴わない一片の通知に過ぎなかった。皇族・華族・士族・平民の新しい身分階層――その体制内に「穢多・非人」として差別してきた賤民階層を平民として取り込み、富国強兵政策の底辺の支えにしたものであった。それゆえ被差別部落に対する封建的遺制は濃く、厳しい差別・偏見に苛まれていた明治期に、土地も定職もない被差別部落の人びとが、これとたたかって生きぬくには学問よりほかないとの大江磯吉の考え方は、この少年期の体験に根ざしていたことが感得できる。

大江は明治十八年九月、恩師武信由太郎・大田幹の影響と、この年五十四歳で亡くなった父周八の遺志にみずからの志を重ねて、当時城下町松本（現・松本市）にあった県内の最高学府長野県師範学校高等師範科第二級に編入学した。優秀で国家に忠実な初等教育の教員養成をめざした明治政府の教育政策から、師範学校生には教科書や教材費は官費支給されていた。が、磯吉は松本町の寄宿舎に住まなければならない。この事態は、父周八の死によって貧窮の度が増していた大江家にとっては新しいよろこびが新しい困難と綯《な》い合わされたものであった。

しかし大江の長野県師範学校進学には、かねての矢沢尚天堂一家の支援が継続されるとともに、新しく村の有力者矢沢市三郎・矢沢五一・矢沢亀次郎も加わって後援してくれることになった。大江が飯田（小）学校助教に雇用されたとき、その出身ゆえに中傷し抗議した地域住民もいたが、大江の長野県師範学校入学を支援してくれた村の有力者（地主層）がいたことも見逃すことができない。大江が知止小校に入学したときの村の関係者の姿勢に連なるものである。これは、信州の被差別部落が千曲川の上流から下流に至る流域に多く、伊那谷には少ないという実態もかかわりがあるという解釈も成り立つが、それよりも、伊那谷の国学者たちの培ってきた精神的・文化的風土のゆえと、私は考えている。維新変革の志をひそめた幕末期信州の平田派国学者は全国で最も多かった。が、その半数は伊那地方に集中していた。そして国学者になった人は庄屋・地主などの知識層であったことは、藤村の『夜明け前』にも書かれている。その国学者たちは明治維新後にどう変容していったか。変容には大きく二つの型があった。時代の変化に巧みに便乗して体制側に吸収されていったものと、流行に安易に便乗せず地域の生活圏に根をおろし、その学識を生かして地域住民のために尽くしたものとである。伊那の国学者たちは、村落共同体に溶け込み、維新後の新しい時代を生きる子どもたちのための教育に力を注いだものが多かった。これら国学者たちによって関西の文化が中山道《なかせんどう》から大平峠《おおだいらとうげ》や清内路峠《せいないじとうげ》を通って伊那谷にもたらされ、そしてこれら国学者たちの志と見識によって、伊那谷には教育・文化の先進的風土が培われたのである。

　伊賀良村下殿岡（現・飯田市）の有力者矢沢一族《まき》の人びとも、この精神風土のなかに生きていた開明的な人であった（知止小校の開校に尽力したひとり下殿岡村の戸長矢沢理《おさむ》は、平田派の国学者で屋号を「公文所《くもんじょ》」と称していた）。それゆえ長野県下の小学校訓導を養成する県内最高の学府であり難関の長野県師範学校に合格した大江を、むしろ村の誇りに思ったのである。

　矢沢梅太郎が明治十年代という早い時期に東京大学別科医科で近代医学を学び、明治二十年に下殿岡村で医院を開業したことも、伊那谷の精神風土に培われた結果といえよう。

そして梅太郎の向学の志を理解し支援した父由平も二男庄次郎もこの風土のなかで開明的な見識を培った人であった。それゆえ大江磯吉の「素性《すじょう》」を承知のうえでその向学の志と力量に共感し、物心両面からの支援を続けることができたのだと思う。

大江はこれらの支援と期待に応え、心を許して語り合える学友もえられないなかを「差別の苦しさにうち勝つには勉強しかない。勉強で負けないようにしなければ」と、ひたすら学業に励み、明治十九年二月には「学術品行方正ノ故ヲ以テ給費生」となる。

長野師範を第二番で卒業

大江磯吉はその努力の甲斐あって明治十九年七月十五日に長野県師範学校高等師範科を第二番の成績で卒業した。大江にとっては感慨ひとしおの卒業であった。

長野県師範学校は明治十年六月に第一回卒業生を出している。「師範学校教則大綱」により中等師範科と高等師範科があり、大江は長野県中学校飯田支校を経て高等師範科に編入学したため同年七月卒業となった。なお明治十九年四月の学制改革による「師範学校令」により、松本町にあった同校は長野町（現・長野市）に新校舎を建てて移転した。新校舎は西長野の県庁西側の約四千八百坪の敷地に、同年十月に完成した。そして校名も長野県尋常師範学校と改められ、明治二十一年からは四月入学三月卒業となった。したがって大江磯吉ら卒業生は旧制度による松本町の校舎での最後の卒業となった。

明治十九年七月十五日の高等師範科卒業生は次表の十二人である（二番めの小平儀吉が大江磯吉である）。

高等科卒業証書番号	族籍	出身地	姓名	生年月日	年齢
第弐百拾九号	本県平民	諏訪郡平野村	岩垂　今朝吉	慶応元年十月一日生	二十年十月
第弐百弐拾号	同	下伊那郡下殿岡村	小平　儀吉	明治元年五月二十二日生	十八年三月
第弐百弐拾壱号	同	東筑摩郡筑摩地村	神戸　彌作	慶応二年四月八日生	二十年四月
第弐百弐拾二号	同	小県郡殿戸村	小林　直二郎	慶応二年九月廿五日生	十九年十一月
第弐百弐拾三号	同	小県郡殿城村	上原　角次郎	元治元年八月一日生	二十二年
第弐百弐拾四号	同	小県郡長久保新町	土井　房次郎	文久三年九月一日生	二十二年十一月
第弐百弐拾五号	同	南佐久郡田口村	高橋　浦吉	明治元年三月一日生	十八年五月
第弐百弐拾六号	本県士族	更級郡大塚村	小山　愛隆	元治元年十一月十日生	二十一年九月
第弐百弐拾七号	同	小県郡上田町	早川　正己	慶応元年十月十二日生	二十年十月
第弐百弐拾八号	本県平民	東筑摩郡里山辺村	福山　文十郎	明治元年十月十日生	十七年十月
第弐百弐拾九号	本県士族	小県郡上田町	桂　半次郎	万延元年一月廿七日生	二十六年七月
第弐百三拾号	同	東筑摩郡松本北深志町	二宮　鉚次郎	明治元年四月廿四日生	十八年四月

（長野県庁所蔵明治十九年公文編冊「學務係　師範學校　同生徒　師範學科卒業」による）

これは卒業成績順の配列である（現在の人びとには違和感があるが、戦前は成績順に序列をつけていた）。一番の岩垂今朝吉《いわだれけさきち》は、諏訪郡平野村小井川（現・岡谷市）の農家の生まれ。長野県近代史研究者青木孝寿によれば(6)、「資質能力もさることながらたいへんな努力家。彼はいつも本をふところに入れて読書し、近所の子どもたちには『論語』を教え、夜は蚊帳《かや》の中でも勉強した」という。岩垂は小学校上等科を卒業して明治十六年に入学していたので、大江と同期生になったのは明治十八年九月に大江が高等師範科第二級に編入学したとき。高等師範科卒業期の一年間、岩垂と大江はよきライバルであったという。

木梨《こなし》精一郎県令（知事）や東筑摩郡長などの列席した明治十九年七月十五日の卒業式(7)で、首席の岩垂は「高等科卒業生惣代」として答辞を述べ、次席の大江は「附属小学中等六級生」に「修身科教授」（模範授業）という「栄誉」を与えられた。附属小学校中等六級生は現在の小学校四年生相当である。卒業式における大江への「修身科教授」の「栄誉」は、長野県師範学校当局による優秀な卒業生への「表彰」である（同じ卒業式のなかで「中等科卒業生矢島栄作」は「附属小学中等一級生」に「物理科教授」の栄誉を与えられている。中等一級生は現在の小学校六年生相当）。大江が模範授業をした戦前の「修身科」という教科目自体は、国家に忠実な徳目を教えるものだったゆえ、戦後の近代教育史研究のなかではさまざまに批判されているものである。がそれゆえにまた明治期においては重要な教科目であった。その「修身科」の「模範授業」という方法で、優秀な卒業生大江磯吉を「表彰」した長野県師範学校当局の対応は、明治期の東京帝国大学における「恩賜の銀時計」、陸海軍の学校における「恩賜の軍刀」（恩賜とは天皇から賜ること）という表彰が大きな「名誉」であったことに較べれば、教員養成の学校にふさわしい特色ある表彰のしかたであったとも言えよう。卒業式のなかで「模範授業」を公開した卒業生大江は、そのことが生涯心に刻まれたことであろう。そして大江の年齢は同期の卒業生のなかで若い方から二番めの十八歳余であった。

小平家の養子「礒吉」

大江磯吉の長野県師範学校高等師範科卒業名簿には「小平礒吉」と記載されている。これはなぜなのか。下殿岡村除籍簿に「同村三十六番屋敷小平くま養子二十二年三月十四日送ル（朱書）／二十三年八月廿七日、小平くま戸主願済離縁ニ付復籍ス」と記載されている。このことから次のように考えられる。大江が長野県師範学校高等師範科に編入学した明治十八年九月に父周八が亡くなったため、戸籍上は兄虎之助が大江家の戸主となった。

既述のように虎之助は明治十四年に家を出奔したままであるが、兄の長女で幼いなを江は志の（祖母）と暮らしている。ところが磯吉は明治十八年九月に小平くまの養子となり小平家の戸主となった。この理由について水野都沚生《としお》は、「徴兵のがれが目的だったものと思われる」(8)と言っている。明治五年公布の「徴兵令《ちょうへいれい》」の「兵役免除規定」には、明治二十二年の「改正徴兵令」で廃止されるまでは、「戸主」「養子」も「免除」に含まれていたものの、公立師範学校を卒業した新任訓導は、一般国民の現役三年間の兵役義務に対して六週間の短期現役を務めれば、あとは国民兵役に編入されるという特例が定められていた（明治二十二年一月の「徴兵令」改正で、六週間現役は五カ月間の短期現役に変わったが、国民兵役編入は長く続いた。兵役には、常備兵役・補充兵役・後備兵役の段階があり、国民兵役は最後の段階）。それゆえ磯吉にとっての養子縁組は「徴兵のがれ」よりも大江家の貧窮とみずからの進学のためであったと考えられる。

明治政府の金融引き締め政策による農村不況は、明治十六年から十八年と恐慌の波が広がっていたので、十八年に父周八の亡くなった大江家の貧窮はいちじるしかった。磯吉は「被差別民」ゆえの恐慌の被害の重さとたたかうためにも、長野県師範学校に編入学し卒業することは切実なことだった。一方家督相続人のいなかった村内の小平家では養子縁組を必要としていた。そして磯吉が「新平民」であることは知っていたが、長野県中学校飯田支校第一回卒業生として長野県師範学校に編入学した異能の若者であり、村の有力者矢沢尚天堂も支援している大江家の二男である。小平くまは磯吉を養子に迎えることで大江家の窮状を救おうとしたものと考えられる。そして磯吉も小平家を相続することでみずからの進学を確かなものとすることができたのである。

磯吉は、明治二十二年三月十四日に小平家からの離籍手続きをし、翌二十三年八月二十七日付で大江家に復籍したのは、その窮状を打開する見通しがはっきりしてきたので自立した生き方を考えたためと言えよう。磯吉は養家の小平くまと時間をかけてよく話し合い納得してもらって離籍するとともに、明治二十四年二月二十三日付で伊賀良村下殿岡四六番地に分家している。

なお磯吉は、長野県師範学校編入学時から名前を「礒吉」としている。そして長野県師範学校卒業後も自筆の履歴書や私信ではすべて「礒吉」を用い続けている。「磯」と「礒」は同義語で訓読みはともに「いそ」であるゆえ、これは改名ではない。長野県師範学校編入学を機に、周囲から煩わされたくないという潜在意識からあえて「礒」を使用したものと、時代状況から推測される。

平野学校での差別

長野県師範学校高等師範科を卒業した大江磯吉は、明治十九年九月二日付で諏訪郡平野村の平野学校に訓導として赴任する。月俸十一円（当時の新卒訓導の月俸は、卒業成績により三等級に分けられていた。その差はほぼ一円前後。大江らの卒業三年後に二等級に改められた）。ちなみによきライバルだった岩垂今朝吉は、同郡上諏訪町（現・諏訪市）の高島学校訓導として赴任し、のちに高島小学校長となり、町立諏訪高等女学校の初代校長も兼ねた。しかし大江は、優秀な新訓導であり謹直であったにもかかわらず、「幾許《いくばく》もなくその身分が判明するや、職員間に問題となりついには『新平民の下にはつけない』と云い出し」（小林郊人《こうじん》）(9)、「教職員が揃って、大江と席を列ねるに堪えんと排斥したので」（水野都沚生）(10)、一週間後の九月九日付で長野県尋常師範学校（明治十九年度入学生からの新制度による改称）に月俸十二円で「出仕」として引き取られた。

新任の大江訓導が排斥された平野学校のあった諏訪郡平野村は、のちに製糸業で知られる岡谷市となった地であり、当時長野県一の大きな村であった。平野村では明治六年から八年にかけて、村内に今井・小井川・至誠・岡谷の四小学校が創設され、明治十九年に合併して平野（小）学校となった。しかし教職員は、正規の訓導の資格をもった教員は両角《もろずみ》新治校長（明治十三年長野県師範学校卒業）のほか二人だけで、あとは授業生（助教）十一人で構成されていた。それゆえ、明治十九年七月の長野県師範学校高等師範科卒業生十二人のうち第二番で卒業した大江の力量に期待するところがあって、平野学校赴任となったものと考えられる。平野村には、当時も現在も被差別部落は全くない。被差別部落のない平野村の小学校で、優秀な新任訓導大江が排斥されたという事実は、明治期の「部落差別」の実態を如実に証している。

師範学校当局が県学務課と諮《はか》って、大江を直ちに月俸一円昇給の長野県尋常師範学校「出仕」の措置をとったのは、卒業式に「模範公開授業」の「栄誉」を与えた優秀な卒業生への配慮と、平野学校での差別事件の広がりを防ごうとしたものと考えられる。

長野県尋常師範学校に「出仕」となった大江は、明治十九年の「師範学校令」を契機に同校が松本町から長野町への移転新築にともなう事務的な仕事にたずさわっていた。そして町内の権堂《ごんどう》の下宿屋をその出身ゆえに「宿変え」しなければならないこともあったという。

当時の小学校には正規の訓導が少なく、したがって需要が多かったにもかかわらず、「出仕」となっている大江訓導に対して、長野県下のどの町村からも採用の声がかからなかった。また長野県尋常師範学校と県学務課も、当時は年度途中の教員異動がしばしば行われていたのに、大江を別の小学校に再赴任させようとはしないままに過ぎていた。これは平野学校のような部落差別事件が再び起こることへの恐れからだと考えられる。これが明治期信州教育の実情であった。

高等師範学校に入学

このとき、大江磯吉の人生に大きな転機をもたらしたのは、浅岡一《あさおかはじめ》との出会いであった。浅岡は、明治十九年九月三十日に、和歌山県学務課長から長野県尋常師範学校長兼学務課長として赴任してきた。三十五歳の少壮気鋭の浅岡は、その年七月に発足した信濃教育会の会長にも選ばれる。浅岡は大江の資質を知り、翌二十年五月に長野町に新設された附属小学校訓導に任じた。そして明治二十一年四月に「撰挙」されて東京の高等師範学校文学科にみごと合格した大江を、附属小学校訓導在任のままで認めるという配慮をしてくれた。大江が高等師範学校在学の三年間の学費を賄《まかな》うことができたのはそのゆえであった。

高等師範学校は、全国の旧制中等学校（尋常師範学校・尋常中学校など）の教諭を養成するための「師範学校令」にもとづいて設けられた国立の専門学校。明治十九年四月に東京師範学校が初の高等師範学校に改組された（明治二十三年に女子部が独立して女子高等師範学校となり、三十五年に広島に高等師範学校が設立されるまで、全国唯一の高等師範学校であった。そのため「東京」の名称を付けなかった）。新設の高等師範学校は、女子高等師範学校創設までは男女共学で、理化学科・博物学科・文学科の三学科からなる三年制・全寮制。入学定員は各科約三十人で、尋常師範学校を卒業したもののなかから知事の「撰挙」を経なければ受験できない難関だった。

大江が「撰挙」によって合格入学した明治二十一年の高等師範学校は草創期であった。大江は高等師範学校文学科で、教育哲学と教育心理学を専攻し、西欧の新しい開発主義教育学にも関心をもって研鑽《けんさん》した。入学した年七月の全校定期試験の公示された大江の成績は文学科四番であった。一年上級に在学していた羽田貞義《はたさだよし》は、長野県師範学校高等師範科を明治十六年に卒業し、同校に助教諭として四年間在任したのち、明治二十年四月に「撰挙」されて博物学科を受験し入学していた。また大江の三年後輩には鳥取県出身の津田元《もと》徳《のり》がいた。大江はのちに、長野県尋常師範学校教諭として羽田と同僚になり、鳥取県尋常師範学校教諭時代には津田と同僚となる。

三　長野県尋常師範学校教諭時代

浅岡一の推挙

明治二十四（一八九一）年二月、高等師範学校卒業期の大江磯吉が成績抜群であることを知った浅岡一校長は、みずから高等師範学校に出向いて、大江を長野県尋常師範学校教諭に採用したい旨を懇請し、また県学務課長をも説得した（明治二十三年十月から地方官制改正により浅岡の県学務課長兼任は免ぜられていた）。

このとき、浅岡が東京から長野県庁第三課長（学務課長）にあてた次の文書は、大江磯吉採用をめぐる具体的な経緯——大江の力量とそれに対する浅岡の期待の大きさをいみじくも証している。

前略　今日高嶺《タカミネ》（注・秀夫）高等師範教授ニ面会ス　昨日山川及同氏ヲ訪ヒタリシモ居ラス　過日申上候小平（注・大江）採用一件ノ返事ハ今日ヲ以テ漸ク承リ候　高

嶺曰ク小平ハ最上等ノ生徒ニシテ不足スル所ノモノハ唯年齢ノミ　席次ハ目下第二席ナレトモ教授上ノ手際等より申セハ第一席ト謂フヘシトハ教員各自ノ見ル所同一ナリ故ニ高等師範学校ハ之ヲ本校ニ留メント協議中ナリ　且ツ其協議中各教員カ異口同音ニ小平ヲ指名シテ留メ置ント申セシ位ナレハ今此者ヲ三十五円ニテ地方ニ出ストキハ他ハ悉ク（月俸額）三十五円以下タラサルヲ得ス　此ノコトキコトハ曽テ無キ所ノ類例ナレハ三十五円トノ需メニハ応シ難シ　昨年ノ卒業生モ四十円三十五円ノ両様ニ出シタルコトナルハ君モ知ル所ナルヘシ　左様ノ次第故四十円出サヽル以上ハ（文部省）普通学務局長へ対しテ長野県へ派出ヲ承諾スル能ハス　昨年ノ卒業生羽田（注・貞義）ト比較スルモ当校ニテハ四十円ナラサレハ応シ難シ　四十円ナレハ師範学校丈ハ請合可申三十五円トアラハ他処へモヤラス寧ロ当校ニ留メントノ事ニテ他ハ一切僕ノ論ニハ応セス　右ノ次第ニ候故四十円ニテ採用いたし度此事ハ正木（注・直太郎）ト御一談被下伺（注・上司の内務部長や知事に経伺すること）ノ上電報ニテ御申越被下度　奉命御約束ノ通電信ニテト存候処長キ話も有之事情ヲ尽し難ク候為メ書面ニテ申上候（一部分後略）用事まで　匆々頓首

二月四日　　　　　　　　　　　　　　　　　浅岡　一

伊東武直君

（長野県庁所蔵文書「明治廿四年　師範學校之部　其他　學務掛」による。原文は当時の長野県回議用罫紙に達筆の筆書き）

浅岡の文書を、私なりに要約すれば次のようになろう。「高嶺秀夫高等師範学校教授に面会し、大江を長野県尋常師範学校教諭に採用したい旨懇請した。高嶺教授は言っている。『大江は首席の学生であるゆえ、月俸四十円でなければ赴任を承諾できない。四十円出さないなら教授会の意向に従って、どこへもやらず高等師範学校に（助教授）として留め置く』。このような事情ゆえ、大江を四十円で採用するよう上司の決裁を得て至急返信願いたい」。

長野県尋常師範学校の教諭たち

浅岡一の要請に応じて長野県は、明治二十四年二月十二日付の知事名で文部省普通学務局長あてに、大江磯吉を月俸四十円で長野県尋常師範学校教諭に採用内定の文書を出している。

大江は五年前の平野学校で「部落差別」によって排斥された事態にかんがみ、ふたたび信州教育界に赴《おもむ》くことはできないだろうとひそかに覚悟していた。ところが浅岡校長の深い配慮で、はからずも明治二十四年四月に母校長野県尋常師範学校に新任の教育学教諭として赴くことができたのである。当時の同師範学校の教職員構成は、浅岡校長のもとに新任の大江を含めて正木直太郎・羽田貞義ら教諭五人、浅井洌《れつ》ら助教諭三人、助教諭心得二人、書記一人の十二人であった。そして俸給は浅岡校長年俸九百円、正木首席教諭年俸七百円、羽田教諭月俸四十円、浅井助教諭月俸二十五円だった（ちなみに当時の初任訓導の月俸は平均十三円〜十五円であった）。

正木は安政三（一八五六）年に上田藩士の家に生まれた。明治維新後に上京して同人社で英学を修めたのち東京師範学校中学師範学科を卒業して帰郷。郡立小県中学校長・長野県中学校上田支校教場監事を経て、明治十九年に長野県尋常師範学校教諭となった。大江が同校に赴任した明治二十四年四月に、正木は三十五歳で首席教諭（教頭心得）であり、同僚であった。正木は二十六年十二月一日付で浅岡校長の後任として同校校長に任ぜられ、信濃教育会長にも推された。そして六年間の校長在任中、生徒の自学自習を励まし、厳父の浅岡に対して「慈母の如し」と評された。正木はその後、埼玉・香川・和歌山各県の師範学校長（明治三十年の「師範教育令」で、尋常師範学校の名称が師範学校となった）、東京の弘文学院教授などを歴任し、大正二年三月に教職を退いて郷里の上田町（現・上田市）で自適していた。が、小諸町学務委員小山久左衛門（小山敬三画伯の父）に懇請されて、同年七月から小諸尋常高等小学校長となり、大正十五年七十歳まで十三年間在任し、この間大正八年から十年まで町立小諸実科高等女学校長も兼務した。師範学校長として全国的に知られた正木を一小学校長に口説きおとした学務委員小山の熱意もさることながら、これに誠実に応じ大正デモクラシー下の地域の小学校教育に尽力した正木の姿もさわやかである（富士見高原療養所長で『木賊《とくさ》の秋』『思われ人』などの作品で知られた正木不如《ふじょ》丘《きゅう》は、直太郎の二男）。

浅井洌は、嘉永二（一八四九）年に松本藩士の家に生まれ、若くして自由民権運動の結社「奨匡社」創立に参加し、苦学して教員資格を修得した力行の人。その力量が認められ明治十九年三十七歳のとき長野県尋常師範学校に助教諭として迎えられ、いらい大正十五年に教授嘱託を退職するまで四十年にわたって教員養成に尽力し、生徒から敬慕された（長野県民に長く愛唱され続けている「信濃の国」は、浅井が信濃教育会の依頼を受けて明治三十二年に作詞したもの。昭和四十三年に長野県歌に制定された）。

二十七歳の羽田貞義は、既述のように、高等師範学校で大江より一年先輩だった。羽田は元治一（一八六四）年小県郡滋野《しげの》村（現・東御市）の寺島家の二男に生まれ、同郡和田村（現・長和町）の羽田三郎の養子となった。正木校長のもとで教頭を務めたのち、群馬・熊本・千葉・福島・新潟各県の師範学校長を歴任し、大正十三年に退職して帰郷。郷土産業の開発振興や社会教育・青年指導のために奔走した（羽田書店を創業し衆議院議員となった羽田武嗣郎《ぶしろう》は、貞義の長男）。

大江磯吉の演説「形式ト秩序ニ就テ」

これら個性的な教員に伍した二十三歳の新進教諭大江磯吉の教育学の授業は、浅岡校長の期待によく応えるものであった。明治二十四年五月十二日付の「信濃毎日新聞」に、大江が赴任した直後の五月十日に開催された「学友会」の概況が、次のように報じられている。「一昨々夜の学友会　例月催さるゝ師範学校の学友会は同校の大広間で開かれ、同日は新赴任の高等師範学校卒業生にて、当師範学校教諭なる大江磯吉氏が演説さるゝとて、学生職員総出席の由にて例会より一層盛んなりし由」。大江はこのとき国家教育と個人教育の区別を講じている。

また信濃教育会の常集会・講習会にも招かれて好評だった。――明治二十四年六月十四日に開催された常集会で大江は「形式ト秩序ニ就テ」例証を挙げて演説した。その要旨は次のとおりである。

「小学校ノ授業ハ動《ヤヤ》モスレバ外面ノ形式ノミニ走リ却《カエッ》テ其実ヲ失フモノ多ク　甚《ハナハダ》シキハ生徒ヲ人形的ニ取扱フモノアリ　抑《ソモソモ》教育ハ完全無欠ノ人物ヲ養成スルヲ以テ大主眼トナスコトニ注意シ　歩々秩序ヲ誤ラズ熱心ト愛情トヲ以テ誘導薫陶《クントウ》ラズンバ生徒ハ必ズ其徳ニ化シ教師ヲ尊信スルノ念ヲ増シ自ラ命令ヲ遵守《ジュンシュ》スベク　教師モ亦《マタ》己レガ師弟ヲ遇スルガ如キ感情ヲ生ジ興味アル教育ヲ施スヲ得テ　俸給ノ如何等ハ顧ルニ遑《イトマ》ナク　軽々其身ヲ進退スルノ弊《ヘイ》ナカルヘシ」（『信濃教育会雑誌』第五十七号）。

ついで同年十月十一日の常集会では、「判断ノ方法」と題し「世ノ事物ニ就キ綿密ニ観察ヲ下ストキハ　不善ノ中ニモ善アリ誤リノ中ニモ正シキ事アレバ　其善ト正トヲ能ク判断スベシ」（『信濃教育会雑誌』第六十一号）との意を演説した。

大江は「形式ト秩序ニ就テ」のなかで、小学校の授業が外面の形式に走り実を失っていることを批判し、その形骸化を賦活する根本は〝熱意と愛情〟の持続であることを強調している。そして「判断ノ方法」では、物事は深く観察すれば不善と言われているものの中にも善がひそんでおり、誤りだと見られているものが表面的見方ゆえに正しい内実を見落としているとして、人間の判断の重要性を説いている。大江のこれらの演説は高等師範学校でみずから研鑽した教育哲学に拠った新鮮なもので、常習会参加者に好評だったという。

信濃教育会は長野県尋常師範学校を会場にして、明治二十四年八月三日から八月二十七日まで二十五日間にわたる夏期講習会を催した。県内各小学校からこの講習会に参加した訓導は百二十人。大江は大学教授など五人の講師の一人として心理学を講義した。さらに大江はこの後の九月に、南安曇郡教員講習会の講師に招かれ、心理・教育・授業法について講義している。また翌二十五年二月から三月にかけて、長野県学務課の委嘱により小県郡内の各小学校の巡回指導を行っている（このときの記録『長野県小学校巡回日記』を大切に保存し、のちに鳥取県尋常師範学校教諭に赴任したとき、附属小学校の訓導有志に参考に見せている）。

附属小学校主事に

大江磯吉は明治二十五年五月四日付で長野県尋常師範学校附属小学校主事に任命された。そして六月二十九日から東京で開かれた第一地方部の師範学校附属小学校主事会議に出張し、会議後に学校当局から託された教育上の調査などもして七月八日に帰校。ついで七月十七日の信濃教育会常集会で「修身教科ニ就テ」演説している。

明治二十五年五月に信濃教育会下水内部会（下水内教育会）役員会では、他郡に倣《なら》って郡内教員のための初めての夏期講習会開催を協議した。下水内部会は明治二十四年五月に創立され、翌二十五年二月の支部総会で、会長前田広衛《ひろえ》（下水内高等小学校長）ほか副会長一人、議員十人を選んだばかり。夏期講習会を積極的に提案したのは議員の小野彪次《ひょうじ》郎《ろう》（下水内郡飯山尋常小学校長）であり、講師に大江を推挙したのは保科百助《ほしなももすけ》（同校首席訓導）であった。小野は長野県尋常師範学校高等師範科を明治十六年二月の卒業で羽田貞義と同期。北佐久郡北佐久高等小学校首席訓導から明治二十四年五月に下水内郡飯山尋常小学校長に転任してきた小野は、北の僻郡の教育事業の不振を慨歎し、郡内教員の資質向上のための研修に強い意欲をいだいていた。

保科百助（五無斎《ごむさい》）は明治元年に佐久郡山部村（現・立科町《たてしな》）に生まれ、明治十九年四月長野県尋常師範学校に入学した。在学中に自治的な新しい「学友会」を組織したり、有志とともに「俸給平等建白書」を県知事に提出したりするなど個性のきわだった生徒だった。その異色性ゆえに一年間原級にとどまり、明治二十四年三月に卒業して飯山尋常小学校に首席訓導として赴任し、真宗寺《しんしゅうじ》に下宿した。

保科は飯山尋常小学校に赴任して間もなく、当時師範学校新卒の訓導に特定されていた六週間の短期兵役服務のため、高崎歩兵第十五連隊に入営した。その間、保科の授業を補うために雇われた清水謹治《きんじ》は、明治十年下水内郡外様《とざま》村（現・飯山市）に生まれ、明治二十四年三月下水内高等小学校を卒業。成績優秀だったため飯山尋常小学校の助教（授業生）に採用されたのであった。清水は高等小学校在学時からひき続き真宗寺に下宿したため、はからずも保科と同じ宿で生活することになったものである。長野県尋常師範学校進学を志していた清水は、保科から放課後に英語や『徒然草』を教わり、下宿の真宗寺では『論語』などを講読してもらったりした。このように助教の清水少年は気鋭の首席訓導保科に親炙《しんしゃ》した。のちに清水が往時を回顧して著した『飯山時代の保科先生』は、これらのことをよく証している。

保科が下水内郡教員講習会の講師に大江磯吉を推挙したのは、長野県尋常師範学校在学中に大江の学識をよく知る機会をえていたからである。そして、役員たちがこれを承認したのは、大江が新進の長野県尋常師範学校教諭として信濃教育会常集会で行った演説が好評だったことなどを知っていたからである。講習会の時期について小野は明治二十五年六月の「田植え休みを利用して行いたい」旨を発言している。しかし講師大江の都合により田植え休みには実現できなかった。実際に開催されたのは八月五日から二週間である。

ところが大江を講師に推挙し、清水などの協力で下準備を進めていた保科は、八月の夏期講習会開催より前の六月二十五日付で、突然に小県郡東塩田《ひがししおだ》小学校（現・上田市）首席訓導に異動となった。これはなぜなのだろうか。清水は『飯山時代の保科先生』のなかで、「ある問題で校長と議合わず明治二十五年六月終《つい》に小県郡東塩田小学校に転任されることになった」と記しているだけである。

当時の人事異動は年度末の三月だけでなく、六月、九月、十二月にも必要に応じて行われていた。まだ県下小学校の訓導の数が少なく各校とも准教員や授業生で補充していたため、異動を必要とする事態が生じやすかったのであろう。明治二十五年六月二十五日付の転任も三十人を超えていたので、保科一人だけの特例ではなかった。しかし他の転任者のほとんどは校長昇任などに伴うものである。そして保科の転任は飯山尋常小学校首席訓導として新任して一年三カ月めであり、東塩田小学校への転任は校長としてではない。一校の首席訓導が一年三カ月めの学年度途中に転任を命ぜられたのは異例といえる。

その原因は清水によれば、保科が小野校長と「ある問題で議合わず」のゆえであるが、「ある問題」とは何なのであろうか。清水は「ある問題」の内実に一切言及していない。小野校長は初めての校長赴任で教育振興に意欲を燃やしていた。そして同時期に新卒として赴任してきた首席訓導の保科は師範学校在学中からきわだった個性の持ち主である。それゆえ校内の教育問題をめぐって、あるいは下水内教育会のあり方についても小野と保科の間に意見の対立が生ずることがあったことと思う。そして保科は小野に迎合せずみずからの主張を貫こうとしたことは容易に推測できる。しかし初めての下水内郡教員夏期講習会に、役員の中心になって講師大江を迎える準備を進めていた保科が、講習会が開かれる前に転任を命ぜられたのは、よほどの事情があったことと考えられる。「ある問題」とは、講師の大江をめぐっての小野と保科との確執ではないかと想定される。保科は大江についてその出身のことも含めて直接知っていて高く評価していたが、小野の大江の知り方は、長野県師範学校同期生で当時母校教諭の羽田貞義を通しての伝聞であった。そして小野の前任地北佐久郡は被差別部落の多いところでもあった。

こうして大江を最もよく知っている保科が転任させられたのち、つまり大江講師を迎える準備に具体的にかかわっていた保科のいないなかで、八月五日からの下水内郡教員講習会がはじまったのである。そしてこの講習会のなかで、大江に対する酷《むご》い差別事件が起きたのである。

四　教員講習会における差別事件

高野辰之の「『破戒』後日譚」

明治二十五（一八九二）年八月飯山町（現・飯山市）で開催された下水内郡教員講習会（夏期講習会）における大江磯吉差別事件を最初に立証したのは、文部省唱歌「故郷《ふるさと》」の作詞者として知られる高野辰之《たかのたつゆき》である。

高野は、明治九年四月下水内郡永田村（現・中野市）の生まれ。明治三十年三月長野県尋常師範学校を卒業し、飯山町の下水内高等小学校訓導に任ぜられた。翌三十一年六月中等教員国語科検定試験に合格。同年七月に、かねて下宿していたゆかりの真宗寺住職井上寂英《じゃくえい》・よしゑの二女つるえと結婚。明治三十三年四月から母校長野県尋常師範学校教諭、ついで同三十五年に文部省国語教科書編纂委員に任ぜられ、さらに東京音楽学校邦楽調査係に任ぜられた。そして明治四十三年六月には東京音楽学校教授に就任し、大正十五年に近世邦楽の研究業績（『日本歌謡史』）により文学博士となった篤学の人。作詞した「春の小川」「朧月夜《おぼろ》」もいまなお広く愛唱されている。

高野は明治三十九年夏に帰省して久しぶりに真宗寺を訪ねたおり、義父井上寂英からすすめられて、刊行されて間もない島崎藤村の『破戒』を読んだ。そして真宗寺をモデルにした「蓮華寺《れんげじ》」の内部と、義父母をモデルにした「老院住」と「老奥様」の描き方の謬見に違和感と義憤を覚えた。それから約二年半後、文壇で『破戒』の評判が広がっているのに、この作品がおよぼした真宗寺の関係者への誤解と煩《わずら》いに反論がなされていないことを知り、作者藤村への抗議を込めた稿「『破戒』後日譚《ごにちものがたり》」を啞峰生《あほうせい》の筆名でしたため、文芸雑誌『趣味』の編集者に送った。この稿が収載されたのは明治四十二年四月発行の『趣味』第四巻四号。原文は、上下二段組みで九ページ、四百字詰原稿用紙に換算して約十六枚。趣意は、『破戒』の登場人物が事実といかに違っているかを述べ、義父母を擁護したものである。が、文中で「飯山地方の穢多《えた》を忌《い》むことの甚《はなはだ》しい」ことに言及した個所で、実例として大江磯吉差別事件を述べているのである。このことは、はからずも高野の意図を越えて長野県尋常師範学校教諭時代の大江への差別を実証した貴重な文献となったのである。

「『破戒』後日譚」の冒頭から五ページ前後までの重要な部分を引用する（原文には総ふ

り仮名が付けられているが、ここでは必要と思われるものだけに限った)。

「破戒」後日譚　　唖峰生

三月十四日の朝着いた葉書の中《うち》に
……余命幾何《いくばく》もなしと思はれ候《さうら》へば今一度西京《さいきやう》に行きて御真影様を拝し度《たく》二十日頃に上りて貴家に一泊を願ひ申すべし…………
三月十二日　信州飯山　真宗寺老衲《しんしうじろうとつ》
といふのがあつた。この葉書を見ると急に故山の事を思ひ出すと同時に、四五日前《にちぜん》に友人の所であけて見た趣味といふ雑誌に、事実と作物《さくぶつ》といふ題で「金色夜叉」の事が書いてあつたのを思ひ出して、小説家といふ者は罪な事をするものだ人の迷惑といふことは少しも顧《かへりみ》ないものだと今更に感じたのである。

回顧すれば明治三十九年の夏の事である。久し振に国に帰つて親戚廻をした序《つひで》に、自分が十二三の頃世話になつて小学校へ通つた飯山町の真宗寺を訪ねた。長い〳〵大門《だいもん》にしきつめた凹凸《でこぼこ》の石を踏んで、住持が自慢の山門を通ると六抱《むかゝへ》もある銀杏《いてふ》の大樹《おほき》が広い境内の半以上の空を掩《おほ》つて、無数の緑扇で煽《あふ》いで居る。幾年振《ぶり》かで此樹《このき》の下を通つて、幼時の悪戯《いたづら》を思ひ出し乍《なが》ら、右手《めて》の玄関に入ると、額《ひたい》の広い鼻の目立つて隆《たか》い、眉《まゆ》の少し迫つて、眼《まなこ》に少し異様の霊光のある老院住《ろうゐんじゅ》が、尺《しゃく》に余る白髯《はくぜん》を垂れて、両手を膝《ひざ》に突いて、端然《たんねん》として下《くだ》り向《むき》に坐つて居る。此方《こちら》には十五六人の檀徒《だんと》らしい者がこれも静まりかへつて心配らしい様子をして居る。此の異様な光景に挨拶もろく〳〵にしないで、奥へ通して貰《もら》つて、ぬる茶に喉《のど》を潤《うるほ》して居ると、老院住の奥様が出て来て、話相手となつて下さつたが、まるで人が変《ちが》つた様に思はれた。丈《たけ》は五尺一二寸もある肥大な体格からは男の様な声が出て、話に元気のある一廉《ひとかど》の気丈者《きじゃうもの》、借金は何とも思はず土木工事には趣味があつて、いひ出したら石が茶釜でもきかないといふ評判の女丈夫《じょじゃうふ》が妙に沈んで居るのだ。何か今日は事件でもあるのかなと思つたが、いや〳〵六十歳を越されたのだ、歳《とし》が人を衰へさせたのだと思返して居ると、何時《いつ》もは話好《づき》の人がよい加減に菓子を勧めても引込《ひっこ》んでしまふ。表の間《ま》ではそれでは安神《あんしん》いたしました。全くない事実とあれば……といふ檀徒の声、いや全く事実でござらぬといふ老僧の声、法の敵、三文文士《さんもんぶんし》、不徳漢などと過激の声もとぎれ〳〵に聞える。此の寺にしては話の模様が変だ。三文文士といふのは何の事か、芸術とやら文学とやらいふものには全然関係を持たない自分には、何の事件か一向《いつかう》想像が着かない、ひよつとしたら地方新聞にでも此寺の記事が出たのか位に思つて居た。やがて人々の帰る足音が石に響くと、老院住がよく訪ねたなといひ乍《なが》ら自分の側に座を占められた。維新後間もなく仏教が危い地位に立つて、気早の連中は僧服を脱いで中臣祓《なかとみはらひ》を読み習ふといふ時に、一命を堵《と》して政府へ運動した連中の一人で、仏教界の傑物であり材物であり弁論家である所の老院住も、何時もの政治談を出さないで、妙にしめつて居る。此方《こちら》もてれてもう御暇《おいとま》をしようとすると、老僧は徐《しづか》に「君は藤村といふ人を知つて居ますか。」と尋ね出した。自分は何処《どこ》かで新体詩を作る人だと聞いた事があるのでその通りにいふと、「これをお読みですか。」と懐《ふところ》から一冊の書物を出された。見れば「破戒」と題してある。心の中に尼の行状を写した物だらうと思ひながら「いやまだ読みません、一体私は此六七年は小説といふ物を見ませんので。」と答へると、「今日閑《けふひま》なら読んで見て下さい。」と言つて、老僧は寺内の小坊主を伴《つ》れて法用に出かけられた。開いて見て先づ驚いた。そも〳〵の蓮華寺《れんぐえじ》といふのが、全く今自分の訪ねて来て居る真宗寺《しんしうじ》の事なのだ。随分《ずゐぶん》厚い本だが夕方迄にはざつと目を通す事が出来ようと考へて、御堂《おどう》の北風の吹き通す所へねころんで読んで見た。十分二十分と読む間にはああれを写したな、あの人間を出したななどと気づいて来る。自然興味が湧いて来て、全く六時間かけて一読した。読み畢《をは》ると共に先の檀徒連と老院住との問答も判じられ、妙に家のしめつて居た事も理解された。

茲《こゝ》に一応此寺を紹介する。此の寺の一部の様子は「破戒」にある通りだ。しかしそれは叙景や叙物のことで、人間はまるで違ふ、いや此寺の住持や家族に尠《すくな》からぬ迷惑をかけて居る。「破戒」にも言つてあるが、飯山は信州の最北部で最も仏教の盛んな地である。僅《わづ》か千戸足らずの町に二十何箇寺とある。此寺は其中《そのうち》で二三に数へられる大寺である。寺も大きいし庫裡《くり》の間数《まかず》も三四十あつて、便所の数も十二三ある。井戸も六つか七つあるといふ大構《おほがまへ》だ。二三人の家族に三四人の下女下男では淋しくてたまらない。掃除もし切れない。そこで中学や小学の教員を下宿させる。官吏にも間を貸すといふことにしてゐるのだ。此寺の坊守《ぼうもり》即ち奥様なるものは、男優《まさ》りといふ評判もある程の人で、極《ご》く世話好きで、自分の家族同前に下宿人の世話をする人なのだ。けれども如何に世話好だ所で、長吏《ちやうり》即ち穢多《えた》を迄下宿させる様な人ではない。人が穢多《えた》を宿《と》めてでも置かうなら、此方《こつち》から注意してやり兼《か》ねない位の人だ。

そもく〳〵飯山地方の穢多《えた》を忌《い》むことの甚《はなは》だしいことは「破戒」にもある通りだ。決して同席もしないし言語をも交へようともしない。嘗《かつ》てかういふ事があつた。長野の師範学校の教諭に大江《おほえ》某といふ人があつた、高等師範出の人で歴史を得意にしてゐた人だ。面長《おもなが》な色白な飽迄《あくまで》も貴公子然たる相貌《さうぼう》を備へて居る。此の人が其のすらりとした恰好《かつかう》のいい体に洋服を着けて、緋羅紗《ひらしゃ》の裏を取つた軍艦羅紗の外套《ぐわいたふ》をはおつて、金ぼたんを輝かせる様子は、明治二十四五年頃の長野の人の目をひいたものだ。此の人が聘《へい》せられて飯山の夏季講習会の講師となつて来た時に、光蓮寺《くわうれんじ》といふ真宗派の寺に宿つた。所が此の人は穢多《えた》だといふことが誰からか寺へ伝つた。さあ大変だといふ訳で早速出て貰《もら》つて、畳の表換《おもてがへ》をする、塩を蒔《ま》く、まるで伝染病の消毒宜《よろ》しくといふ騒ぎであつた。こんな工合であつたからでもあるまいが、此の教師は二十六年の春に神戸だか大阪だかへ転任して、そこで始めて妻君を娶《めと》り、後に鳥取あたりの師範学校長となつたといふが、肺病で間もなく死んださうだ。此の人の生れは信州の伊那だ。「破戒」の猪子廉太郎《ゐのこれんたらう》は全くこれをモデルにしたのらしい。けれどもモデル其人には廉太郎の様な気概と熱情がなかつた。温乎《おんこ》とした相好《さうがう》の通りな至極柔和《しごくにうわ》な人であつた。

穢多《えた》を忌《い》むといふ事は同じ信州の北部でも、藤村君の居た佐久地方は飯山地方程ではない。此佐久出身の者で、長野の師範を卒業して飯山へ小学教員になつて来て、真宗寺に下宿をして居た者は幾人《いくにん》もある。この連中が小諸に居た藤村君に何かの序《ついで》に畳換《たたみがへ》一件を話したものらしい。そこで面白い風習だ、一つ越後《えちご》近くの一風変つた飯山を写さう、真宗寺に関してもきつと種《たね》があらうといふので、当時新体詩から小説に転じかけて居た同君をして飯山へ足を入れさせたものと思はれる。

御堂《おどう》で「破戒」を読み畢《をは》つた時に、これは慥《たしか》に藤村といふ人が此の寺へ来たことが一二度はあるな、どうも写し方が聞書《きゝがき》ではないと思つたので、老奥様に尋ねると果して来てゐる。それが偽《いつは》つて来て見あらはされたのだ。当時飯山に第三種講習所とかいふものがあつて、小学校の準教員を養成したものださうだが、佐久地方から二名程の女子が来て真宗寺に下宿して此の講習に出てゐた。此の女子がある時一人の男を伴《つ》れて来た。世事に熟通した老奥様は直ぐに何者かと女学生に尋ねると、荷背負《にしよひ》だとか送りの者だとか誤魔化《ごまくわ》さうとする。「ではあるまい、あの手足を御覧、決して骨身の折れる仕事をする人ぢやない、本当の所をお言ひ。」とつきこまれて、「実は私どもの先生島崎春樹と申される人で、藤村といふのがあの人でございます。」と語つたのださうだ。

もとく老住持は文学趣味のある人で、新刊小説はよく読む人だ。藤村の名はとくに知つて居る。そこて直《すぐ》に賓客《ひんかく》の待遇をして、四方山の話もすれば、此地唯一の旧蹟正受庵《しやうじゆあん》へも東導《とうだう》して、慧端白隠《えたんはくゐん》の伝説も話してきかせたとの事だ。藤村君は「破戒」の説教の所へそつくり此の話を使つて居る。（後略）

『破戒』後日譚」のなかの大江にかかわる記述には若干の誤りがある。たとえば、大江が長野県尋常師範学校で教えたのは「歴史」ではなく「教育学」であり、「鳥取県あたりの師範学校長となった」のではなく「兵庫県柏原《かいばら》中学校長となった」のである。また「肺病で間もなく死んだ」のではなく「郷里の老母の看病中に流行の腸チフスに感染して死んだ」のである。

また高野の小説『破戒』観は、「事実」と「創作」（フィクション）を混同している。このことについては、藤村自身が直ちに明治四十二年四月号の『文章世界』に書いた「モデル」で、次のように反論している。

寺から帰つて、『趣味』を読んだ。啞峯生なる人の『破戒後日譚《ごにちものがたり》』といふものが出て居る。

冷嘲を帯びた氏の筆には、私は遊《もてあそ》ばれるやうな気がして、何とも云つて見やうが無い。随つて、氏が伝へようとした人々の真意も解しかねる。蓮華寺のすべてが写生でないのは、あの物語の成立《なりたち》がそれを目的としなかつたからである。『寺の一部の様子は、「破戒」にある通りだ、しかしそれは叙景や叙物のことで、人物はまるで違ふ』と氏は言はれたが、門外漢たる私が飯山の寺から学び得たことは、寺院生活の光景《ありさま》の外部に過ぎなかつた。氏の『後日譚』を読んで、私は種々《いろく》知らなかつたことを知つた。『破戒』は拙い作ではあるが、あれでも私は小説のつもりで書いた。啞峯生氏の譚《ものがたり》にある寺の檀徒のやうに、ああいふ性質の作物を解して、私が文学の上で報告しようとしたことを事実の報告のごとく取扱はれるのは、遺憾《いかん》である。まして、老僧は高徳の人で、檀徒に県会議員あり、博士あり、其他文学を愛する人々も多いといふのに。

啞峯生氏の譚によると、私は寺の檀徒から、法の敵、三文文士、不徳漢とされた。三文文士の称は私は甘んじて受ける。又、文学上の見解を異にするといふ点から下される評語なら、私は法の敵と言はれても、不徳漢と呼ばれても、敢《あえ》て厭《いと》はない。（後略）

高野の「『破戒』後日譚」のなかの大江についての若干の誤った記述と、小説『破戒』をめぐる事実と創作の混同は、明治二十五年夏の飯山町における大江磯吉差別事件の実証そのものには支障はない。『破戒』後日譚」のなかで高野が述べている次の事実こそ重要なのである。「此の人（大江磯吉）が聘《へい》せられて飯山の夏季講習会の講師となつて来た時に、光蓮寺といふ真宗派の寺に宿つた。所が此の人は穢多だといふことが誰からか寺へ伝つた。さあ大変だといふ訳で早速出て貰つて、畳の表換をする、塩を蒔く、まるで伝染病の消毒宜しくといふ騒ぎであつた」。

断られた宿舎

下水内郡教員夏期講習会の実施内容と、これに続く信濃教育会下水内部会については、『信濃教育会雑誌』第七十一号（明治二十五年八月号）に次のように記載されている。

　下水内郡教員講習会　本月（八月）五日より下水内高等小学校内に開く　会員は郡内正教員准教員合はせて六十余名　講師は本県尋常師範学校教諭**大江磯吉氏**　学科は教育学教授術にして毎日三時間つゝ教授せられ　会員頗《すこぶ》る熱心に従事し、必ず他日小学校の上に好結果を顕はすならんといふ　因《ちなみ》にいふ此の会は悉《ことごとく》皆該郡教育部会の担任なりしといふ。

下水内部会　本月（八月）二十日開会　始メニ役員ノ補欠撰挙ヲナシ　次ニ本会ノ出張ノ**大江磯吉氏**「権勢ノ情」ナル演説其他数氏ノ演説アリテ閉会シタリ。

これによれば、大江は宿舎に予約されていた光蓮寺からは追い出されたが、下水内高等小学校を会場にした八月五日から十九日までの二週間の講習会で、連日三時間の講義を行っている。そして六十余名の会員は熱心に聴講している。さらに大江は翌二十日の下水内部会で「権勢ノ情」について演説もしている。

大江が予約されていた光蓮寺の宿泊を断られたのは、高野の「『破戒』後日譚」の文章からみて、講習会がはじまった二日めあたりの早い時期と推定される。高野は「光蓮寺……に宿つた」「所が穢多だといふことが誰からか寺へ伝つた」と述べているゆえ、講習会がはじまった初日に下水内郡内の各小学校から飯山町に集まってきた六十余名の教員のうち、自宅から通えない何人かが、町内の寺や親戚・知友の家に泊まったことは確実である。そしてこれらの教員から異色の講師大江磯吉の話題が出され、さまざまに町内に流れたこともまた確実だと思われる。このことは、「極く世話好きで、自分の家族同様に下宿人の世話をする」真宗寺の「老奥様」さえ、「如何に世話好だ所で、長吏即ち穢多を迄下宿させる様な人ではない。人が穢多を宿めてでも置かうなら、此方から注意してやり兼ねない位」だという、『破戒』後日譚」のなかで述べている高野の具体例が証している。それゆえ大江のことを聞いた光蓮寺の檀徒のひとりが寺の住職に注進に及んだものといえよう。

大江は光蓮寺の宿泊を断られたが、講習会の講師を断られたわけではない。翌日からの宿舎はどうしたのであろうか。光蓮寺で大江に「早速出て貰つて」飯山じゅうの畳屋を集めて一晩で「畳の表換を」し、「塩を蒔」いた騒ぎは、町中の噂の広まりを加速した。それゆえ「二十何箇寺」もある飯山の寺の、どの寺でも大江講師の宿を引き受けるところはなかった。町内には当時古くからの宿屋があったが、町内に広まった騒ぎを知って、教育会役員の斡旋《あっせん》があっても大江の宿泊を断ったものと推測される。それゆえ、責任を感じた下水内部会会長の前田広衛が自宅に大江講師を泊めたものと、私は考えている。

大江の講義をめぐって

光蓮寺の騒ぎは当然講習会受講の教員たちにも伝わりさまざまに話題になった。しかし大江磯吉講師の毎日三時間ずつの教育学教授術の講義は「頗る熱心に」聴講されたのは、大江の講義内容が豊かな学識に立った実践的なものであり、それゆえ魅力的なものだったためといえる。

このときの講師大江の心情はどうであったろうか。またはからざる光蓮寺の騒ぎに対して下水内教育会の役員たちの腐心はいかばかりだったであろうか。I章の「藤村の小諸」でも述べたように、明治三十四年の夏休みに小諸の藤村に英語の特別指導を受けた五人の長野県師範学校生徒の一人会津常治は、戦後に当時を回顧した「小諸時代の藤村先生」のなかで次のように述べている。「大江先生を郷里の方々は夏季講習会の講師としてお迎ひ申上げ、地方民の偏見圧迫をとり去らうとしました。すると先生の御講義には誰も感心するが、先生に宿を貸してくれるものがなかつたので講習会当事者は非常に面目を失ひ、先生もおもしろくなくなつて長野へおかへりになられ、ついに辞職して……」。

大江は明治二十四年四月に長野県尋常師範学校教諭に赴任していらい、信濃教育会主催の長期の夏期講習会での講義、南安曇郡教員講習会での二十日間におよぶ講義がいずれも好評で、差別を受けることなど全くなかった。ところが明治二十五年八月の飯山町で開かれた下水内郡教員講習会の際の受難＝光蓮寺の騒ぎは、大江に対する酷い差別である。大江は毎日豊かな講義を意欲的に行うことで、差別とたたかったといえる。

しかし飯山町での差別事件はその後長野県の教育界に波及していく。そしてこの差別事件がひとつの大きな契機になって、大江を長野県尋常師範学校教諭から排斥しようという動きが、被差別部落に偏見をいだいていた教育関係者のなかから起こってくる。下水内郡教員講習会以後の大江は、信濃教育会常集会からも各郡部会からも全く講師に招かれていないことが、このことを証している。

明治二十五年八月の下水内郡教員講習会開催時に保科百助が飯山尋常小学校首席訓導として信濃教育会下水内部会役員として在任していれば、大江磯吉差別事件への対応とその曲折した広がりは違ったものになったのではないかと考えられる。保科は明治三十二年四月に上水内郡大豆島《まめじま》小学校（現・長野市）の高等科併設の初代校長に転任した。このとき保科校長は、村内の被差別部落特設の分教場を廃止し、被差別部落の児童を本校に移した。そしてこれをめぐる村当局や村民の反感に毅然として対応するとともに、被差別部落の生産生計の向上にも被差別部落の人びとと共に尽力した。このことは、明治二十五年夏の下水内郡教員講習会に大江を講師として推挙した保科の精神をよく証している。それゆえに保科が「ある問題で校長と議合はず」に六月に転任させられなければ、大江差別事件の広がりを未然に抑制できたのではないかと考えられるのである。

保科に親炙した清水謹治は、明治二十七年四月長野県尋常師範学校に入学し、同三十一年三月の卒業は既述のように伊藤長七と同期であった。そして事件から十二年後の明治三十七年一月に藤村が取材目的で飯山町を訪ねたときは、飯山尋常高等小学校首席訓導で、真宗寺に下宿していた。しかし清水は大江差別事件を藤村に話さなかったし、のちに清水が往時を回顧して著した『飯山時代の保科先生』のなかでも、この差別事件には全く言及していない。(ちなみに清水謹治は、後に下水内郡視学、飯山小学校長などを歴任し、昭和十二年から四年間は推されて飯山町長を務めた。)

浅岡一の人となり

ところで、浅岡一長野県尋常師範学校長が大江に対して深い配慮をなしえたのはなぜか。

浅岡は嘉永四(一八五一)年一月、岩代国(現・福島県)二本松藩士浅岡段介・左遠《さお》の五人の息子の末子に生まれ、幼名を音吉といった。十歳のとき儒者渡辺貞華の門下生となり、ついで藩校敬学館で学ぶ。十五歳のとき藩主に召されての御前講義は好評だった。十七歳のとき「戊辰《ぼしん》の役《えき》」に二本松藩鉄砲組として転戦十八回、白河口陥落の日に左腕に貫通銃創を負った。この戦いで父と長兄惣兵衛が戦死し、次兄友次郎は戦病死し、四兄信四郎は民衆を率いて米沢に逃れ一時行方不明となった（三男剛三郎は夭折《ようせつ》）。

戦後に音吉は浅岡家を継ぎ一《はじめ》と改名。信四郎は戦死した儒者渡辺梅窓のいまわの頼みにより渡辺家を継いで敏《はやし》と改名した。戊辰の役の敗残者たちの生活は悲惨で苦渋に満ちたものであった。しかし浅岡一はこれに耐えた。そして明治四年二十歳のとき、学友であり戦友であった郡田《こおりだ》四郎の誘いに触発され、〝青雲の志〟をいだいて上京する。上京した浅岡がはからずも松本藩出身の辻新次（天保十三年＝一八四二年生まれ）のもとに身を寄せることができたのは、同じ松本藩出身で儒者だった郡田の父の紹介のゆえであった。

浅岡が身を寄せたときの辻は少壮の三十歳で大学南校（後の「東京大学」、ちなみに「帝国大学」に改称されたのは明治十九年）の副校長兼フランス語の教授だった。辻は明治五年に大学南校校長になったが、同年九月の学制頒布を機に文部省に移り、近代教育制度創設の仕事に専念した。のちに森有礼文相のもとで文部次官になるなど文部官僚の生活が二十五年も続いたが、決して官僚臭に染まらなかったと言われている。その原因は辻の生育歴のなかにひそんでいる。辻は十五歳のころ天然痘《てんねんとう》を患いあばた顔となり、かつ病弱でもあって交友関係に辛い体験をしている。しかしみずからの向学の志と父の励ましにより、幕末に江戸へ出て蕃書調所《ばんしょしらべしょ》に入学して蘭学《らんがく》を学び、さらに洋書調所で英学と仏学を学ぶなど、刻苦勉励してその力量が認められた。それゆえその知性とともに弱者の立場に対する優しい感性もひそめていた。浅岡の境遇を具体的に聞いた辻が、快く身元引受人となり自宅の一室を与えて親身に勉学から就職の世話までしてくれたのはそのゆえである。しかしこれはまた、戊辰の役の苦難をくぐりぬけてきた浅岡の人柄と志が、辻の心をとらえたためでもあった。

浅岡は辻のもとで鋭意学習に励み、明治五年に受験科目にフランス語のあった司法省明法寮法律学校に合格して一年間修学。辻の推挙で翌年に文部省出仕となり教師課と編書課に勤務したが、このときもフランス語の研鑽《けんさん》は怠らなかったという。明治七年二十三歳で広島県師範学校教諭に任ぜられた。ついで東京女子師範学校教諭などを経て、十五年に和歌山県学務課長。そして十九年の「師範学校令」公布に伴い、既述のように同年九月三十日に長野県尋常師範学校長兼長野県学務課長として赴任した。

浅岡は広島県師範学校教諭だった明治七年、十月十八日付で太政大臣三条実美《さねよし》あてに

「民撰議院設立建白書」(11)を提出している。漢字片仮名交じり二千四百十八字からなる格調高い建白書である（ちなみに、これは明治七年十月三十日付の『日新真事誌』に掲載され、ついで松本町で発行されていた「信飛新聞」の同年十一月八日付に二面にわたって全文が掲載された）。

民撰議院設立建白の運動は、明治七年一月に板垣退助らにより四国の高知から起こり、建白に署名した江藤新平は「佐賀の乱」の主謀者の責《せめ》を問われて逮捕され、同年四月十三日死刑に処せられている。国論の二分することを恐れた明治政府の擅断《せんだん》は、心ある人びとを憂えさせた。二十三歳の若い浅岡は、これらの状況に対して「杞憂《キユウ》ノ余《アマリ》」欧米の政治形態を具体的に論じ、七項目にわたって政府の擅制《せんせい》を批判し、建白の結びで次のように述べている。

若シ因循《インジュン》姑息《コソク》（注・古い習慣に従っているだけの一時のがれ）今日ノ如クンバ天下ノ土崩瓦解《ドホウガカイ》立テ待ツ可《ベ》キナリ　願クハ天皇陛下ヲシテ君民同治ノ政体トナシ上下議院ヲ開キ憲法ヲ建テ君民相犯ス可《ベ》カラザルノ基礎ヲ定メ　事ノ大ナルモノハ此議院ニ附シテ之ヲ論ゼシメ然ル後之ヲ施行シ　国民ト方向ヲ異ニスルノ憂ナク国家ヲシテ富岳

ノ安キニ置カシメンコトヲ　一浅学乏才遐邑《カユウ》（注・かたよった遠い所）ニ僻在《ヘキザイ》シ閭見《リョケン》（注・民間の人の見解）狭隘《キョウアイ》天下ノ大勢ヲ通知スル能ハズ　杞憂《キユウ》（注・とりこし苦労）ノ余聊《アマリイササ》カ愚誠ヲ陳ス

浅岡も、被差別部落の問題については当時の他の教育者同様に歴史科学的に知っていたわけではなかった。しかしその人物については、昭和十年五月刊の『信濃教育会五十年史』に次のように書かれている。「気骨稜々、気を以て勝ち躬《み》を以て人を率《ひき》ゐ、毅然として古武士の風を具《そな》へ、宏量達識能《よ》く大局に通じ其の言行尽《ことごと》く至誠肺肝を出づ。又漢文に得意にして詞藻に富み、平生古聖賢に親しむ。且つ仏蘭西《フランス》語に通じて翻訳書等あり」。

その気骨と器量は、少年の日に幕府側（二本松藩）の鉄砲組として「戊辰の役」に参加し、その後は薩長閥の明治政府下で刻苦した歳月のなかで培われたものであった。そしてその内実は、儒教的な「志士仁人」の側面とフランス語の学習と翻訳を通して感得した西欧の近代的精神の側面との綯《な》い合わされたものであることは、その経歴が証している。このような浅岡の「人と為《な》り」が、大江に確固とした手をさしのべたものといえる。

浅岡校長は明治二十一年四月から長野県尋常師範学校に女子部を開設した（文部省が女

子教育奨励の訓令を各県に発したのは明治二十六年七月、浅岡の女子教育は五年も先行していた）。そして明治二十年六月には三十歳の気鋭の理学士松井元次郎を首席教諭に招聘《しょうへい》した。校長の年俸より二百円高額の年俸千円で。ついで七月に長野県中学校上田支校教場監事の正木直太郎と札幌農学校出身の農学士中根明《あきら》など少壮の人材を招いている。これらのことは、平野学校から排斥されて長野県尋常師範学校出仕となっていた大江に対して、その力量を見抜いて新設の附属小学校訓導に任じた浅岡校長の姿勢をよく実証するものである。

浅岡一の遺したもの

明治二十五年八月の下水内郡教員講習会の際の大江磯吉差別事件がその後信州教育界に曲折して広がってきたことを、浅岡は憂えていた。しかし大江を長野県尋常師範学校から排斥しようという動きは、大江を支持してきた浅岡校長への狭量な人びとからの非難ともからまってきていた。浅岡校長は大江の力量とその将来を考えたすえ、明治二十六年三月に、大阪府尋常師範学校教諭への転任を配慮する。そして浅岡自身も同年十一月二十八日付で、かねてから懇望のあった華族女学校教授に転じた。後任校長に正木直太郎を推挙して。

浅岡は辻新次の推輓《すいばん》もあって明治十九年九月三十五歳で長野県尋常師範学校長に赴任していらい四十二歳までの七年間、達識と気骨と熱意をもって、信州教育の源泉としての師範学校教育の充実を図り、草創期の信濃教育会に向学の気風を培い、木梨精一郎県知事の信任も厚かった。それゆえ浅岡校長が長野県を去ることを惜しむ声が強かった。しかし浅岡は心中ひそかに、大江磯吉受難にかかわる信州教育界の関係者に対する批判とみずからへの責とを、華族女学校教授への転任という形で表明したものと考えられる。浅岡が明治二十年代の信州教育の中心的推進者として遺した業績は、大正十一年六月十七日に長野県師範学校構内に建立された頌徳碑に刻まれている。

華族女学校教授に転任した浅岡は、ユーゴーの『レ・ミゼラブル』などフランス作家の作品を幾編も生徒たちのために翻訳したり、学監・幹事も兼任するなどして、女子教育に専念したが、華族女学校が学習院に併合された明治三十九年四月、十四年間にわたる職を辞して郷里の福島県郡山郡桑野村に帰って自適していた。ときに浅岡五十五歳。当時の福島県立会津中学校長中根明は、浅岡が明治二十年に長野県尋常師範学校教諭に招いた人。十九年前の若き日に浅岡から受けた強い印象を心にひそめていた中根は、北海道へ転出する自分の後任の最適任者として浅岡を推挙した。これは中根だけでなく会津若松の要人たちの懇望でもあった。こうしてはからずも浅岡は明治三十九年十月から第六代福島県立会津中学校長として、大正元年十一月六十一歳で依願退職するまでの六年間を、郷里の若者の中等教育にたずさわることになる(12)。

浅岡は郷党の期待に応え、いままでの長く多様な教職体験を生かして特色ある教育を行った。日露戦争直後の不況で会津地方の農民生活がひどく疲弊《ひへい》している状態にかんがみ、生徒の質実剛健の気風を涵養《かんよう》したいと考えた浅岡は、明治四十年入学生から学年進行で、会津中学生の制服として〝紋平《もんぺい》〟を着用させた。これは浅岡の会津中学校長としての教育姿勢を表徴している事例である。「〝モンペイ学校〟の名は全国に知れ渡った。この浅岡一先生時代の六年間が会津中学校史の中でも最も精彩のあった時代となった」と、佐藤隆夫（福島県立会津高等学校教諭）は、「浅岡一――異彩を放った紋平《もんぺい》先生」のなかで述べている。

ちなみに浅岡の兄・渡辺敏《はやし》（弘化四年＝一八四七年生まれ）のことにもふれておきたい。渡辺は藩校敬学館が廃校になるまで助教をしたり寺子屋の師匠をしたりしていたが、敗残の困窮からぬけ出られないままに、明治七年に志を立てて上京し、東京師範学校小学師範科に入学した。弟浅岡に遅れること三年、二十八歳だった。そして翌明治八年十月に東京師範学校長の推薦もあって筑摩県大町の仁科学校（現・大町市の大町西小学校）の校長として赴任。野外の自然観察や課外の文明講座を催すなどの啓蒙活動に力を入れ、またウェストンより早く日本アルプスへの近代登山を試みたり、自由民権運動の奨匡社にも参加したりする。その間に高等師範科を修業し、明治十七年にいったん福島県に帰り会津の若松中学校や福島県師範学校の教諭になるが、一年半後の明治十九年に再び長野県に戻り、上水内郡長野尋常小学校長と組合立上水内高等小学校長を兼ねる。このとき長野県尋常師範学校長として赴任してきた弟の浅岡と再会。理非を正して浅岡に協力するとともに、貧しい家庭の子どものために子守教育所を設け、障害児のために長野盲人教育所・長野唖人教育所を開設した。また明治二十九年に長野県で最初の長野町立（翌明治三十年から長野市立）長野高等女学校の創立に奔走し、初代学校長として開明的な女子教育を推進し、私立長野商業学校の開校を促進して実業教育の振興にも努めた。こうして渡辺は長野県の近代教育の啓蒙に四十年余りを捧げたのであった。

五　大江磯吉の二人の教え子

大江磯吉の長野県尋常師範学校での教育学の授業は、卒業学年に一年間毎週四時間行われた。二年間の大江在任中にその教育学の授業を受けた生徒は、明治二十四（一八九一）年度三十七人（男子二十五人、女子十二人）、二十五年度四十七人（男子三十二人、女子十五人）だった。これらの生徒たちは大江教諭が被差別部落出身であることは知っていた。その知り方の度合いはさまざまながら。しかし若き大江教諭の謹直な人柄と豊かな見識と明晰《めいせき》な授業ゆえに、心の底に「あの先生は部落の出だが」という偏見を持っていた生徒もいたが、口に出して蔑視するようなことはなかったという。むしろその学識に敬服しあこがれていた生徒も少なくなかった。そのなかで大江に親炙しその影響を長く心に刻み続け、みずからの人生のなかでそれを生かした特筆すべき生徒が二人いた。明治二十五年三月卒業の伴野《ともの》文太郎と翌二十六年三月卒業の与良《よら》松三郎である。

同和教育の先駆者、伴野文太郎

伴野文太郎は、明治二年十月五日佐久郡跡部《あとべ》村（現・佐久市）に生まれ、隣りの上桜井（現・佐久市）村の組合立日遷学校を卒業したあと、野沢町（現・佐久市）に設けられていた英語を中心とする私立日曜義塾で神津国助・小山愛治などの個性的な教員に学んだ。そして明治二十一年四月に長野県尋常師範学校に入学した。在学中を通じて校長は浅岡一であり、卒業年度の二十四年四月から二十五年三月まで大江教諭から教育学を学んだ。明治二十五年三月二十六日卒業と同日付で、当時一郡一校制の南佐久高等小学校に訓導として赴任した。同校はまもなく「小学校令」改正により組合立の東信高等小学校と野沢高等小学校に分離独立。伴野はひき続き東信高等小学校に在職し、翌年四月に野沢高等小学校に転じた。

伴野訓導は赴任し在職した学校でおどろくべき事実を目撃する。野沢町の被差別部落の児童に対する苛酷な差別である。これに憤慨した伴野は、校長を詰責《きっせき》したがそれが容れられなかったため、意を決して放課後に部落学習会を組織し、先駆的な融和教育（同和教育）を実践する。その具体的な経緯は、長野県近代教育史研究者の伴野敬一から教示された伴野文太郎の回想記(13)に書かれている。信濃同仁会の機関紙「同仁」第三号（大正十年五月発行）に、当時小県郡青木小学校長だった伴野が「想起す二十有七年前」として寄稿したもの。全文約千五百字の回想記から主要な部分を次に引用する。

　想起す、今より二十有七年前即ち明治二十五年に師範を出でて南佐久郡野沢組合高等小学校に就職せし頃は、特殊部落に対するの感情と態度とは非常の差別的待遇を以てし、殆《ほと》んど人として取扱はざるが如き有様にして、如何にも憤慨に堪えざるものありき。（中略）

／学校等に於ても（被差別部落の児童と）同席同学する事を嫌ふこと一方ならざりしを以て、彼等可憐《かれん》なる（被差別部落の）児童は就学する事を得ず、常に路傍に群居して徒《いたず》らに悪戯《あくぎ》に其日を暮すに過ぎず、従つて其ひねくれ方も亦《また》非常のものなりき。

／生の居宅は野沢町内跡部区にあり、学校より往復の際常に彼等の部落を通行するを以て、其事情を目撃し常に以て遺憾《いかん》とす。而《しか》して彼等に対し就学すべきを勧告したり。彼等は泣て訴えて曰《いわ》く、学校は我々が入学を拒絶し決して就学せしめずと。之に於て予其不条理千万なるに激怒し、時の（尋常）小学校長を訪問し其不都合千万なる事を詰責《きっせき》したるも、有力階級に気兼して入学を快諾せざるを以て、憤激の余り同部落の一軒を借り茲《ここ》に俄《にわか》の仮教場を作り、古塗板《ふるとばん》一枚古机数組を学校より借り受け、毎日放課後予及び其時の受持児童高等四年の男生等と共に、毎日二時間宛出張教授をなしたり。

かくて其翌年度は、更らに強烈に時の尋常小学校長に談判し、学力相当の学年に編入せしめたり。然《しか》るに、児童等は此部落の出席児童と同席するを嫌悪し、為に之れを口実として欠席者を出すに至れり。是《ここ》に於てか、予は校長に面談し、町長若しくは町会議員の子弟と並ばしめたる等の其当時としては随分過激の行動を敢《あえ》てし、漸次にこの弊《へい》を矯正《きょうせい》したり。此際愉快極なりしは、生等の教授せし部落の児童が首席を占め、町内の最有力者の児童の落第せし等の奇談もありたり。

此時小生の受持生徒にして、差別撤廃の旧悪習打破の小生の説明に共鳴して、教授の任にあたりし者の中には、今の台湾法院の判事たる伴野喜四郎、郵船会社船長たる並木源四郎、現野沢町長並木齢輔、前野沢町助役伴野忠一氏等の面々数名ありたり。斯《か》く就学の差別撤廃と同時に、彼等を集めて盛に行為を慎み、自覚を以て自から侮《あなど》らざる事を説諭し部落改善に尽力したり。時に予は何を言ふにも二十四、五歳の青二才の事とて、町民は盛んに悪罵《あくば》を浴せ或は生意気と言ひ或は物好きの奇人と評し、為めに家人より屡々《しばしば》注意を受たる事ありたり。（後略）

長野県の被差別部落は小部落が県下各地に散在しているのが特徴。そのなかで佐久地方の被差別部落は、部落数も人口も長野県内の他地方にくらべて最も多い。ちなみに同和対策審議会調査部の昭和三十八年一月現在の調査によれば、長野県全体の被差別部落数二六六、世帯数四八八三、人口二万三五五九で、三〇世帯以下の小部落が二二六を占めている。うち佐久地方は部落数四三、世帯数一一八二、三一世帯以上の部落が一五。長野県で最も大きい一五四世帯とこれに次ぐ一〇八世帯の被差別部落があるのは佐久地方である。そして水平社運動がわき起こるはるか前の明治期の部落に対する差別は酷《むご》かった。

それゆえ当時の被差別部落の子どもたちは、小学校入学も排斥されていた。そして被差別部落の人たちだけの数少ない「部落学校」も変則的な教育差別のしくみのなかに放置されていた。ちなみに長野県で最初に設けられた唯一の「部落学校」(14)は、明治十三年〜十四年に北佐久郡加増村（のちの北大井村加増＝現・小諸市）に設けられた惟善《いぜん》学校（荒堀学校）である。しかし部落内の個人の家の一室を教室にしたもので、有資格の訓導はおらず無資格の授業生一人だけだった。明治十九年の「小学校令」公布を契機に、町村費による経費支弁の小学簡易科が設けられることになり、荒堀学校は加増簡易学校となった。しかしこれも「修業年限ハ三年トス」「土地ノ情況ニヨリテハ午後又ハ夜間ニ於テ教授シ、若シクハ生徒ヲ分チテ一日中二回又ハ三回ニ授業スルコトヲ得」というもの。そして教員も村内近隣の八満尋常小学校から兼務訓導が月一回巡回するだけで、専任の授業生さえいなかった。八満尋常小学校の授業生三人が断続的に出張する変則的なもので、まともな学習指導は行われていなかった。まさに被差別部落の児童に対する教育差別を温存助長するものでしかなかった。明治二十五年に北大井尋常小学校加増分教場になったが、低位な学習指導は簡易学校のころとあまり変わらなかった。明治二十五年十二月二十一日付の「信濃毎日新聞」の次の記事はこの実情を伝えている。

北佐久郡各町村小学校にては、新平民と同席するを忌《い》み学齢に至るも入学を許さず、汝等に教育は不必要なり、汝等の入学する学校にあらずとて如何に嘆願するも更に応ぜず、独り北大井村に限り分教場と称し、同社会丈け別に教授することとなし、教員の如きも本校より殆んど五割の増給にて雇ひ入るゝも、親族故旧より種々冷評を降し甚だしきは交際を遮絶する等にて、兎角《とかく》永続する人なく為に本校生徒より常に劣等の地に位するとて、同社会の者共は彼も人なり吾も人なり、均《ひと》しく村税を納め公民の権理を有しながら斯く優劣の別をせらるゝとは。我村に兆民居士なきを如何せんとて常にかこち居る由、尤《もっとも》なる事共なり。

このような状況のなかで、佐久地方の野沢高等小学校へ赴任したばかりの若き伴野訓導は、憤慨に堪えないままに、就学も拒まれている被差別部落児童のためにひとりで部落学習会を組織し、学習指導を続けた。地域住民の悪罵を浴びても毅然として。そしてそのうえに立って「更らに強烈に時の尋常小学校長に談判し」て、被差別部落の児童を学力相当の学年に編入学させたのである。さらに部落学習会指導の際に伴野は、みずからの担任の高等科児童に「差別撤廃の旧悪習打破」を説き、「共鳴」を得て協力を得たことも看過できない。これらの伴野訓導の実践にひそむ勇気と見識は、まさに長野県の融和教育（同和教育）の先駆であった。そしてこのような伴野訓導の先見的な異色の教育実践は、長野県尋常師範学校生徒のときの大江磯吉教諭からの薫染《くんせん》であった。大江の豊かな学識が伴野を触発したゆえであるが、また伴野にもそれを深く受けとめる問題意識があったからである（伴野の部落学習会に共鳴してこれに協力した高等科の教え子で伴野が実名を挙げている四人のうち、並木齢輔と伴野忠一は、大正八年に野沢町の部落改善団体「大正会」が結成されたときの町長と助役であった）。

伴野文太郎は「回想記」の末尾で、部落問題への対応をめぐる保科百助との関係を、次のように言及している。

次いで生は稲荷山《いなりやま》町の校長として転任したるに、友人保科五無斎百助氏は上水内郡大豆島《まめじま》小学校長たりしかば、一夕生を訪問し部落改善の心中を打ち明けられたりしかば、生は保科氏と同道にて大豆島村に出掛け、家庭訪問をなし懇談せし事等ありたり。

保科が明治三十二年四月に大豆島小学校長に転任したとき、村民の反発にも毅然として、上水内郡内では初めて被差別部落の児童を本校に移したことは、すでに述べた。が、このとき保科はみずからの志と決意に、すでに南佐久で実践した伴野の協力を重ねていたことが、伴野の回想記で明らかになったことも見逃せない。そしてこのことは、長野県における被差別部落児童への先駆的な融和教育（同和教育）の実践者伴野と保科が連帯したことと、その先駆的な実践の源流と連帯の結び目に大江磯吉の存在したこととの教育史的意義を証している。

ちなみに伴野文太郎と同期の長野県尋常師範学校卒業生矢沢（のち三村）安治は、諏訪郡中洲村（現・諏訪市）の生まれ。安治の兄矢沢米三郎は、明治二十六年四月に長野県尋常師範学校教諭に赴任、翌年羽田貞義・渡辺敏らと長野博物会を組織した。そして明治三十八年に松本女子師範学校の初代校長となった。三村は、大江と長野県師範学校同期の岩垂今朝吉が高島小学校長のとき同校教頭だった。明治四十一年に町立諏訪高等女学校が創立されたとき岩垂が校長を三村が教頭を兼任した。そして大正六年に諏訪高女が県立になったときの初代校長は三村。翌大正七年に島木赤彦の推輓により二十八歳の土屋文明《つちやぶんめい》を教頭に迎えた。土屋が「諏訪高女へきたのは、月給を貰って借金をかえすのが目的であったが、校長（三村安治）の人となりに動かされて、段々教育のことに興味を感ずるようになった」と、後に述懐している。その土屋を二年後に後任校長に推挙したのは三村であった。

ジャーナリスト、与良松三郎

長野県尋常師範学校で大江磯吉の授業を受けた一人に「名古屋新聞」主筆を務めた与良松三郎がいる。与良は大江の教えを心に刻みつけたジャーナリストとして知られる。与良は、明治五年に北佐久郡小諸町に生まれ、明治二十二年四月長野県尋常師範学校に入学した。そして四年生の二十五年四月から二十六年三月までの卒業学年の一年間、大江教諭から教育学の授業を受けた。卒業後は岩村田（現・佐久市）、小諸、上田の各小学校訓導および首席訓導として勤務し、明治三十五年ウラジオストックの日本人小学校長として赴任した。日露開戦後はロシア語通訳官として従軍もしたが、三十九年に帰国した。そして『教育衛生に関する調査報告』の注文を取っているなかで、はからずも小諸町出身のジャーナリストで知人の小山松寿《しょうじゅ》に出会い、小山に乞われて小山が創立したばかりの名古屋新聞社に、明治四十年に主筆として入社した。

小山松寿は明治九年生まれ。二十五年三月に小諸尋常高等小学校を卒業したのち、志を立て小山一族の久之助《まき》を頼って上京した。小山久之助は安政六（一八五九）年の生まれ。中江兆民の仏学塾に学び、幸徳秋水と並ぶ兆民の高弟で、明治二十一年に兆民主宰の「東雲新聞《しののめ》」の創刊にもたずさわった自由民権運動家。小山松寿は久之助を通して兆民の紹介で大隈重信の書生となったことからその知遇を得て東京専門学校（早稲田大学の前身）法律科に学んだ。卒業後の明治三十二年から四年間を、かねて関心をいだいていた中国で過ごしたが、この間に「朝日新聞」主筆内藤湖南《こなん》に認められ、帰国後朝日新聞大阪本社に入社。明治三十五年に名古屋市の大阪朝日新聞名古屋通信部主任として赴任したが、三十九年には独力で「名古屋新聞」を創刊した（昭和十七年に「名古屋新聞」と「新愛知」の統合されたものが、現「中日新聞」）。

主筆与良松三郎は、「自由　平等　親愛」の理念を掲げた小山社長の期待に応えて旺盛な活動を続け、紙面では平明な文体をくふうし、諸問題を縦横に論じた。与良は政界入りした小山の後を受けて昭和五年から社長となったが、社長に就任するまでの二十三年間に主筆として「名古屋新聞」等に執筆した評論・コラムを集大成した『記者生活二十三年我がまづい文集（そこに我あり）』を、昭和四年五月三十日に興風書院から刊行した。千四百余ページの大著で、収録されている評論・コラムは二百四十七編、うち教育問題にかかわるものが最も多く百二十九編で約半数を占めている。

与良松三郎が大江磯吉に具体的に言及した貴重な証言「特殊部落の先生」は、『記者生活二十三年我がまづい文集』のなかに収められている。初出は、大正六年三月四日付の「名古屋新聞」のコラム「反射鏡」欄に執筆掲載された。「特殊部落の先生」の全文は次のとおりである。（原文には振り仮名が多用されているが、必要なものだけに限った。）

特殊部落の先生

私は昨朝、私の机上に古渡学校長問題に関する一の投書を発見した、其要は、特殊部落の学校より普通部落の学校（特殊と普通の文字を特殊的に用ふるとして）へ転ずるに当りて、同一の俸給であつても、人は之を称して栄転と云ふ、同一の俸給でありながら栄転と云ふのは、居る所の場所関係である、即ち前任地が下等で新任地が上等だと云ふことを暗示するものである、下奥《しもおく》は下等地、而して名古屋の鬼界ケ島か八丈島である、今仮りに下奥の一訓導が来りて一等級の児童を教ふると云ふ際、之を嫌《きら》はない児童が幾人ありますか、之を歓迎する父兄が幾人ありますか、況んや校長に於てをやと云ふ筆法である。

謹んで投書の文体、文理、文章を案ずるに、此の投書は教育者によりて為されたることが十分に証拠立てられる、然る時私は茲《こゝ》に一の疑問を生ずる、古渡学校長問題なるものは外部より発生したるものに非ずして、内部の暗闘が真因を為して居るのではあるまいか、名古屋と限らず、何れの教育界にも此の種の忌《い》むべき出来事は少くない、私は特殊部落の先生に就て私自身の極めて深い適切の経験を有つてゐる、之を物語つたならば、自ら解決さるゝことゝ思ふ。今より二十四五年前、私が長野県師範学校在学中、教育学を担任した教諭は、信州飯田町の特殊部落の産である大江磯吉と云ふ先生であつた、此の先生は十五歳にして尋常師範の入学試験に首席を以て合格し、卒業するまで常に首席を占めてゐた、穢多《えた》擯斥《ひんせき》の風甚だ濃厚であつた当時であつたから、同級生からは常に除《の》け者にせられ、卒業しても聘用《へいよう》する学校がないので、止むを得ず、附属小学の訓導たらしめた、附属小学校は県知事始め大小官吏富豪の子弟を選抜して入校せしむる所である、大江先生は居ること一年、十九歳にして高等師範学校に入り二十二歳で第二位を以て卒業した、卒業した穢多の大江先生は何処へ赴任さるゝ、であらうかと云ふことは信州教育界の全般の注視する所であつた、錦を着て故郷《こごう》に帰りたいは山々だらうが、素性を知られた所へは来られはせまい、又県庁でも採用せまい、と一般に思つて居たが、何たる皮肉ぞ、時の師範学校長浅岡一《あさをかはじめ》先生は文部省へ自身出頭し、是非共我が学校へ任命させて貰ひ度と強請《せが》みに強請《せが》んで、遂に聘用の目的を達したので、我々学生の前へ此の特殊部落の先生が現れた。

　師範学校は教員を養成する所で、教育学は教員たるものゝ金科玉条にして、又精髄を作る学科で各学科中尤《もっと》も重要な地位を占めて居る、その学科を特殊部落の先生から教へられた、特殊部落の先生と云ふ語は二様に聞こゆる、一は特殊部落に従事する先生、一は特殊部落に生れた先生を意味する、私の教育学の先生は正真正銘の穢多の先生であつたが、教育家としての私は酒臭くはあつたが決して穢多臭くはなかつた、若し特殊部落の先生から受けた教育によりて如何なる臭味が残つたかと云ふならば、私に特殊の精神を附与してくれた、飽くまで忍べ、力はすべてを解決すると云ふ精神を与へられた。而して此の穢多先生を招聘して私共の教師とした浅岡一先生（奥州二本松藩士）の態度に大なる教訓を与へられた、此の物語りは信州教育界の一警鐘であつて教育家の人々が一美談として記憶するのみならず、県人のすべてが語り伝へて美談として居る所である、信州の教育天下に冠たりし所以《ゆえん》茲に存すを偲ばしむるのである。

古渡学校長問題が単に下奥学校から転じたと云ふだけの理由であるならば、我々は賛成出来ぬ、其の理由以外に排斥すべき理由ありて排斥すと云ふならば、私は之を論外に置かねばならぬ、若し他に排斥すべき理由を有しながら、人心に投ずべき有力な武器として特殊部落に従事した経歴を云為《うんゐ》したと云ふならば、独逸《ドイツ》が潜航艇戦を用ひたと同様、策の拙なるものではあるまいか、私の新聞は止むを得ざる限り『特殊部落』の四文字を用ふることを禁じて居るが、問題が問題だけに止むを得ずして用ひた、大正の時代に左様な部落あることを我々は認めぬ。

「特殊部落の先生」のなかの次の叙述はきわめて重要である。「（大江先生は）私に特殊の精神を附与してくれた、飽くまで忍べ、力はすべてを解決すると云ふ精神を与へられた」。

これは全国水平社創立のはるか前の明治期のなかで、大江磯吉が「部落差別」の受難のなかから生み出したたたかいの方法であり、哲学であった。そしてその後の大江のたたかいを支えた精神の源流である。

明治二十五年度に長野県尋常師範学校で生徒として大江教諭から受けた教えを、二十五年後の大正六年まで心に刻みつけていた与良は、まさに大江の志の深さを理解できた人物であることを証している。さらに与良は、小山松寿との交誼のなかでその先見性を深め広めたものといえよう。そしてこのことは、生徒与良にそれだけの薫染を与えた若き大江教諭の精神をも証していることになる。

与良のコラム全体を現在の眼で検証すれば、叙述に不備なところもあるが、末尾で、「私の新聞は止むを得ざる限り『特殊部落』の四文字を用ふることを禁じて居るが、問題が問題だけに止むを得ずして用ひた、大正の時代に左様な部落のあることを我々は認めぬ。」と述べていることにも留意したい。全国水平社創立より前にこのような見識を示したジャーナリスト・評論家は、中江兆民らを除けば稀であったことは、日本近代新聞史が証している。

なお与良は「而して此の穢多先生（注・大江磯吉）を招聘して私共の教師とした浅岡一先生（奥州二本松藩士）の態度に大なる教訓を与へられた」と述べている。このような浅岡の大江への深いかかわりを与良は、『記者生活二十三年我がまづい文集』に収めたコラムのなかで、次のように敷衍《ふえん》している。

浅岡先生は私に人間味と云ふものを教へた、私が若しも、漢学者流の固陋《ころう》におちいらず、少しにても人間味を有するとせば、そは浅岡先生の賜である。／先生は大江磯吉と云ふ飯田町の特殊部落出身の教諭を採用した、今より三十五年前で、部落民に対する侮蔑の念尤《もっと》もさかんな時分であることを思はねばならぬ（大正十一年十月三日付）。

大江氏は秀才であつた。今日より五十年近く昔の我国人がいかに部落民に対して特別待遇を残酷にしたかを想起したならば、大江氏の勇気にも感服するが、その大江氏を氏素性の尤も知れわたつて居る郷国の師範学校の教師にした浅岡先生の勇気にも感心する。／僕はその大江先生から新智識としての教育学をおそはつたのだが、それよりも大江・浅岡両先生の勇気と相許す涙ぐましき師友の友情に感激せしめられ方がよりつよく、より力あるものだつた（昭和二年七月十六日付）。

この与良のコラムは、本書で既に述べてきた大江の姿勢とその大江に深い配慮をした浅岡の「人となり」を補強してくれる証言である。

Ⅲ　大阪府尋常師範学校教諭時代

一　大江磯吉の先駆的研究

結婚

大江磯吉は明治二十六（一八九三）年四月一日付で、長野県から大阪府へ出向を命ぜられ、四月十日に大阪府尋常師範学校教諭に着任した。「月俸当分四十二円」で。そしてこのころ、愛知県碧海《あおみ》郡福谷村の士族神谷《かみや》庄之助の姉・神谷つまと結婚する。つまは明治四年二月十二日生まれ。このとき磯吉二十五歳、つま二十二歳。神谷家の娘と結婚の運びになったのは次の二つの理由による。既述のように明治十四年に兄虎之助は賭博《とばく》犯として懲罰を受け東海道岡崎方面へ出奔し、妻きんと「不熟離縁」となっていたが、やがて愛知県額田《ぬかた》郡岡崎町伝馬の財産家の後家高橋らいと親密になって羽振りをきかせるようになっていた（明治二十六年十一月入夫）。そしてつまのことを磯吉に世話したのはこの兄虎之助であった。神谷家が大江との縁談話に乗ったのは、高橋らいと虎之助の仲立ちがあったからであり、磯吉が大阪府尋常師範学校教諭だったゆえでもあった。もう一つは矢沢尚天堂など関係者の証言を総合すると、磯吉が「部落民と呼ばれる身分であることを打ち明けて神谷つまの諒解を得た」ためである。被差別部落の人々に対する誤った差別・偏見が当然のごとくまかり通っていた明治期の結婚に、このことを明らかに告げた磯吉と、それを知ったうえで親族の反対も押し切って承諾したつまのことは、近代部落解放運動史にとって先駆的なことといえる。つまが分家していた大江磯吉の戸籍（下殿岡村四六番地が伊賀良村下三三四番地となる）に入籍記載されたのは、明治二十六年八月二十六日である。しかし結婚した妻つまは、大阪の夫磯吉とは共に住まなかった。それは磯吉の頼みで、郷里の病身の母志のと志のが引き取って育てている兄虎之助の先妻の娘なを江の面倒をみるためであった。

「拒反ノ情」で示された本質を見抜く力

当時の大阪府尋常師範学校は、大阪市北区中之島常安町（現・中之島四丁目）の堂島川のほとりにあった。大江磯吉の止宿ははっきりしていないが、勤めていた師範学校の周辺と考えられる。そして大阪府尋常師範学校での大江教諭の教育学・心理学の授業が高く評価されたことは、いままでの実績・力量から推測できる。赴任した明治二十六年の六月十四日に、大阪府から小学校教員定期乙種検定委員を命ぜられたことなどもその証である。さらに新しい教育学・心理学を拓く研究も続けている。同年の七月三十一日発行の『私立大阪教育会雑誌』第八十五号に発表した大江の異色の論文「拒反ノ情」などがそれを証している。

「拒反ノ情」は、漢字片仮名交じり句読点なしの約三千七百五十字の論文である。主要な叙述部分を次に引用する。

拒反ノ情

憤恚《フンシ》ノ情ニモアラズ　対頭ノ情ニモアラズ　吾人ハ一種ノ折交《セッコウ》的情緒ヲ有スルガ如シ
余《ヨ》之ニ命ジテ〝拒反ノ情〟ト曰《イ》フ　未ダ概情ニ就キテ説明ヲ与ヘタルモノアルヲ見ズ
然《シカ》レドモ此情タル吾人ガ最モ多ク経験スル所ニシテ　又最モ必要ナルモノナリ　故ニ
敢《アエ》テ之ガ解説ヲ下サントス（中略）
風邪ニ罹《カカ》ルモノアリ　一人之ニ問フテ曰《イワ》ク　病軽快ニ赴ケリヤ如何《イカン》　曰《イワク》未ダシ　他人
亦《マタ》之ニ問フテ曰ク　病重キヲ加フルナキヤ如何　曰漸次《ゼンジ》軽快ニ赴ケリト　何ゾ其答ノ

前後相違スルノ甚《ハナハダ》シキヤ　意《オモ》フニ是レ其問《トイ》ノ異ナルニヨリテ其答ノ同ジカラザルナラン　只《タダ》其問ノ意ヲ拒反シ其反対ノ意ヲ以テ答フルノミ　或ハ是ヲ以テ故意ノ作用ニ属スルモノナルベシト疑フモノアルベシト雖《イエ》ドモ　吾人ハ其故意ニ出ヅルニアラズシテ自然ニ発スルヲ経験セリ　一人天ヲ指シテ曰ク　明日雨降ランカ　曰ク晴レン　他人又天ヲ指シテ曰明日晴レンカ　曰未ダ知ルベカラズト　同一人ニシテ前後答フルコト此ノ如シ　其問其答正《マサ》ニ病者ニ於ケルト其趣《オモムキ》全ク吻合《フンゴウ》ス　其他類例少ナカラズ　人ヲ評シテ賢ト曰ハヾ答フルモノ否ト曰《イ》ヒ　愚ト呼バヽ賢ト答ヘ　又物品ヲ観之ヲ美ナリト賞スレバ尚勝ルモノ存スト答ヘ醜《シュウ》ト言ハヾ先ヅ可ナラント答フ　一々吟味シ来レバ　吾人ハ実ニ奇々怪々ノ心意作用ヲ有スルニアラズヤ　而シテ此奇々怪々ノ心意作用ヲ有シナガラ吾人ガ毫《ゴウ》モ之ヲ疑ハズ　其奇怪ナルコトダニモ以テ普通ノコトヽナス亦奇怪ナラズヤ

以上述ブル所ノモノハ言語ニ表ハルヽコトニ止マレドモ　吾人ハ言語上ニカヽル形式ヲ有スルノミナラズ　又実ニ心意ニ於テカヽル作用ヲ営ミツヽアルコトヲ自覚スベシ（中略）然レドモ其人ニ交接スル久シキトキハ吾人ハ遂ニ不快ノ情ヲ起サズ　又其言動モ気ニ入ルニ至ルベシ　彼ノ舅《シュウト》姑《シュウトメ》ガ新婦ト常ニ相容レザルガ如キモ　実ニ此拒

反ノ情ノ加ハルアルニ非ザルナキヲ得シヤ
一ノ学説起ルトキハ毎《ツネ》ニ之ニ伴ウテ反対ノ学説ノ現ハル丶ヲ見ル　其反対ノ学説未ダ必ズシモ常ニ正シキコトヲ得ズ　遂ニハ往々挫屈スルニ至ル　甚シキニ至リテハ一学説ノ蘊奥《ウンオウ》ヲモ含味セズシテ　軽々之ニ向テ反対ノ議論ヲ唱導スルモノアリ　モトヨリ利害名誉ノ相伴フトキハ是レアルヲ免《マヌガ》レズト雖《イエ》ドモ　然ラザル場合ニ於テ此現象ヲ見ル所以《ユエン》ノモノ　若シ吾人ニ拒反ノ情ノ存スルナシトセバ遂ニ之ヲ解明スルニ苦《クルシ》ム
此情ハ宗教ト科学トノ拒反及ビ政党上ノ拒反等其例証ヲ求メナバ　尚幾多ノ事項ヲ発見シ得ベシト雖ドモ　更ニ一転シテ言語文章ノ構造ニツキテ之ヲ証センニ　其拒反ノ情ヲ利用スルアルヲ見ル　其最モ見易キハ疑問ニ関スル事項是ナリ　例ヘバ他人ヲシテ肯定辞ヲ以テ答ヘシメントスルニハ否定辞ヲ以テ問フガ如シ　今余ハ行クベシト答ヘシメンニハ汝ハ行カズヤト問ヒ　余ハ読ムベシト答ヘシメンニハ汝ハ読マズヤト問フナリ　此ノ如キハ特ニ我日本ノ言語文章ニ於テ之アルノミナラズ外国ノ言語文章ニ於テモ亦之アルヲ見ル　然ラバ此ノ拒反ノ情ノ存スルハ人間普通ノ性質タルナカランヤ
尚更ニ小児及ビ動物ニ於テ此情ノ存スルヤ否ヤヲ検スルニ両者亦之アルガ如シ（中

略）然レドモ此情ハモト苦痛ノ一種ナルヲ以テ最モ容易ニ憤恚権勢ノ情等ト結合スルヲ以テ　此情ヲ研究セントスルニハ其相伴フ所ノモノヲ排除セザルベカラズ　今之ガ身体上ノ状態及ビ心意上ノ状態ヲ観察スルニ　身体上ノ状態ニ在リテハ多少神経力ノ増加ヲ来タスモノヽ如シ　即《スナワチ》心意ニ拒反ノ情起ルトキハ心意ノ亢進ヲ来シ　或場合ニ於テハ著《イチジル》シク神経力ノ疎通スルヲ覚フ　而シテ或ハ筋肉ノ動作ヲ起シ頸《クビ》ヲ振リ手ヲ動カスアレドモ　著シキ特徴トシテ見ルベキモノナシ　心意上ノ状態ニ於テハ其性質ハ苦痛ニシテ其度量ハ鈍大ナリ　他ノ心相執意及ビ知力ト如何ナル関係アルカヲ見ルニ　執意上ニテハ執意一般ノ理法ニ従ヒ　其苦痛ヲ排却シ若クハ其苦痛ノ度ヲ減ゼンガタメニ今己ヲシテ此情ヲ発セシメシ所以ノ道ニ反抗セントス　而シテ若シ憤恚権勢等ノ情ノ加ハルアルトキハ其行為ニ出ヅルヤ勢烈ヲ如フ　知力上ニテハ理性ノ発達スルニ従ヒ此情ヲ発出スルコト漸次減少ス　然レドモ先入為主《イシュ》ノ事実ハ往々却テ此情ヲシテ勢烈ナラシムルコトアリ（中略）

更ニ此情ノ消長スル所以ノモノヲ考フルニ　宏壮ノ情同情尊敬ノ情愛情及ビ理性利益等ノ存スル場合ニハ此情ノ起ルコト稀少ニシテ　恐怖ノ情権勢ノ情憤恚ノ情等ノ加ハル場合ニハ此情ノ発出スルコト最モ容易ナリ　今宏壮ノ情ノ存スル場合ニツキテ考フ

ルニ　今将ニ拒反ノ情ヲ発セントスルモノニシテ非常ナル勢力ヲ有スルモノナランニハ拒反ノ情ハ遂ニ発スルノ機ヲ得ザルナリ　所謂《イワユル》他ノ朦《モウ》ヲ破ル必要ナル所以茲《ココ》ニ存セリ　同情ハ自己ガ嘗《カツ》テ有スル苦楽ノ感ノ記憶ト其表象トノ結合アランコトヲ要ス　故ニ今他人ニ於テ苦痛存シ或ハ苦痛アルベシト想像セラル丶トキハ　其起ルベキ拒反ノ情ハ大ニ其勢力ヲ減損スベシ　其他尊敬ノ情及ビ愛情ノ存スル場合ニハ拒反ノ情ハ毫モ発出スルコトナシ　英雄ハ将士ノ心ヲ攬《ト》ルニ存ル所以ノモノ一部分ハ茲ニ存セリ理性ノ必用ナルコトハ既ニ述ベシガ　利益モ亦実ニ此情ノ発出ヲ減却スル一事項ニシテ　通常人ニ在リテハ利益ハソノ一大要素ナリ　之ニ反シテ恐怖権勢憤恚等ノ情加ハルトキハ拒反ノ情ノ旺盛ナルコト著シ　是レ苦痛ノ情ニ加フルニ苦痛ノ情ヲ以テシ又其発出ヨリ生ズル結果ノ愉快ヲ以テスレバナリ

ソレ此ノ如クナルヲ以テ此情ニ関スルノ智識ハ之ヲ交際上攻学上及ビ教育上ニ応用シテ能ク其効果ヲ収ムルヲ得ベシ　交際上ニ於テハ元来此情ハ折交的ノモノナレバ能ク之ガ抑制ニ注意セザルベカラズ　又ヨク他人ニ拒反セラル丶ノ位置ニ立ツトキハ　他人ニ之ガ発動ノ道ヲ与ヘザル所以ノ方策ヲ講ゼザルベカラズ　然レドモ此情ハ之ヲ滑《コツ》稽《ケイ》上ニ利用スルトキハ交際間ニ於テ一種ノ妙味ヲ有スルモノナリ　攻学上ニ於テハ

軽々ニ此情ヲ発作セシムルノ習慣ヲ抑制シ以テ能ク真理ノ存スル所ニ注意セザルベカラズ　然レドモ此情ハ之ヲ利用スルノ如何ニヨリテ美ノ一部分ヲ占メシメ得ベシ　教育上ニテハ教師自カラ此情ヲ利用シテ効果ヲ収メ得ベシト雖ドモ　亦児童ヲシテ此情ヲ発作セシムルナキニ注意セザルベカラズ　然ラズンバ教育ハ其効ヲ収ムルコト少ナケレバナリ

大江が「拒反ノ情」と名づけた心象概念は、「憤恚《ふんし》ノ情」でもなく「対頭ノ情」でもなく、「一種ノ折交的情緒ヲ有スルガ如シ」ものを指している。「憤恚」は「憤怒」と同じ意味であるが、「対頭」と「折交」は現在一般に使用されている『漢和辞典』にも『国語辞典』にも載っていない。西欧の新しい心理学の文献を原書で研究した大江が、適当な訳語がないままにみずから造語したか、他の研究者の先訳語に倣《なら》ったか、どちらかだと思う（ちなみに、明治初期に西欧から近代文明が輸入されたとき、多くの新しい訳語が創られた。それらのうち定着したものもあるが、消散してしまったものも少なくない）。

「対頭」は equality（対等）よりも oppositio（対抗、対当関係）に通ずるものと思う。「折交」は compromise（折衷）の訳語ではないと思う。「折衷」は儒学の用語だったから大江が知らないはずはない。むしろeclecticism（折衷主義）という哲学用語のニュアンスに近いかと思う。「折交」の「折」の語源のひとつに「分けて選びとる」という意味があり、「交」の語源には「まじわる」という意味がある。したがって私見では、「折交的情緒」とは、「交じり合っている意見の中から取捨して選びとるような心の動き」の意味に解される。

したがって大江の「拒反ノ情」なる心象概念を私流儀にわかりやすく解すれば、次のようになろう。「同一の現象に対して視点を変えて問えば（観れば）、相反する答え（反応）が返ってくる（見えてくる）。また一つの事象のなかにはさまざまな心象がひそんでいるので、物事を一義的・表層的な観察でとらえると本質を見逃してしまう。心象を深く分析してその因果関係を選択すべきである」。

このことを、病状や天候や品物など日常身辺の事象から小児や動物の行動まで、さらに学説や文章構造などの分野にまでわたって、具体的に論述している。そしてこの「拒反ノ情」が憤恚・権力と結合した場合どのような負の反応が生ずるかを、身体と心意の両面にわたって説くとともに、宏壮・同情・尊敬の情と連なった場合の「折交的情緒」の効用を述べている。それゆえ「攻学（注・学問を修める）上」「教育上」「滑稽（注・知恵が豊かである）上」において「拒反ノ情」に立って対応すれば、適切な効果が期待できるとしているのである。

明治二十六年という日本の近代の出発期に、二十五歳の大江磯吉が提起した論考「拒反ノ情」は、それから一世紀余り経った現代の人間にも通用する基本的・普遍的な精神構造への先見的な洞察であると思う。氾濫《はんらん》する情報に流されている二十一世紀の現在こそ、大江の説く「拒反ノ情」の再検証とその深化を必要としているのではないだろうか。

追補

大江の論文「拒反ノ情」のなかの用語「対頭」について、中山英一から次のような教示を得た。

小柳司気太編『新修漢和辞典』（昭和二十六年博友社刊）に「対頭」が収載されており、意味は「敵手、抗争者」と記されている。

ちなみに『新修漢和辞典』はすでに絶版。編者の小柳《おやなぎ》司気太《しげた》は明治三年現・上田市に生まれた著名な中国哲学者。大正九年刊の『詳解漢和大字典』の編者に名を連ねている。『新修漢和辞典』はこれに拠って編まれたコンサイス版。

なお、著者のその後の調べにより、諸橋轍次著『大漢和辞典』（昭和三十年大修館書店刊、全十三巻）のなかにも「對頭」が収められていた。意味は「敵手、反抗」など、使用例が中国古典にある。

二　大阪での受難をめぐって

母志のの来訪

大阪府尋常師範学校で、誠意と熱意をもって授業と研鑽《けんさん》を続けていた大江磯吉教諭は、ここでもその「素性《すじょう》」を暴かれ、大江を同校から追放しようという動きが広まった。赴任二年めの明治二十七（一八九四）年夏休み明けからである。「素性」を暴かれた実情については、次のような二人の証言がある。

ある日郷里の母が所用があって天王寺師範（注・大阪府尋常師範）の小使室にあらわれ「おらほの磯《いそ》の厄介になっているのは此処ですかい」と云った。そこに居合わせた職員や小使の間に「あれが大江先生のお母さん？」と疑惑の眼で見られたのが動機をなし、その年の暑中休暇には学生が信濃へ旅行して調査し身分が知れ、ここでも問題を起すに至った（小林郊人）(15)。

それは大阪師範に勤務中、母親が息子磯吉を学校に訪れたことによって発生した。というのは、志乃が小使室に案内を乞うたとき、居合せた教員と生徒とが「磯《いそ》はおりますケー?」という方言や、物腰、態度、風采に、一種の或る異様感を抱いたことに起因している。異様感を抱いた生徒の中から二名が、その夏休みにわざわざ信州へ調査に来て、大江の身分を確め、帰阪するとすぐ排斥の火の手をあげたのである(水野都沚生)(16)。

小林郊人《こうじん》も水野都沚生《としお》もともに下伊那郡内の生まれであり、大江磯吉研究に先鞭をつけた人である。明治二十七年夏休み明けから、「大江先生は信州の部落民だ」という蔑視と非難の声が、大阪府尋常師範学校の職員・生徒の間に広まり、追放を策する動きが出てきたことを、二人の証言が裏づけている。

母志のが磯吉を学校へ訪ねたのは、明治二十七年の六月ごろと推定される。そして志のが息子磯吉を勤務先の学校へ訪ねたのは、既述のように磯吉が妻を郷里に残して単身で赴任していたからであった。志のが一人で下伊那の村からはるばる大都会の大阪まで息子を訪ねるのは、容易なことではない。それをあえて訪ねたのは、磯吉に相談しなければならない困難な家庭内の問題があったためである。それは出奔していた長男虎之助が、前年愛知県で後家高橋らいに入夫した後の大江家戸主の問題と考えられる。手織りの粗末な着物を着た志のは、生まれて初めて来た関西の大都会ゆえに心細かったことだろう。そして師範学校の先生をしている息子を訪ねるのに「小使室」からおずおずと入っていき、信州の方言で控えめに来意を告げた。いかにも志のらしい朴訥《ぼくとつ》な風采・物腰であった。それがかえって「小使室」に居合わせた生徒と教員に「異様感を抱かせ」、夏休みに信州へ行って大江の身元調査をし「素性」を暴くことになった。

信州へ行って教育関係者にきけば、大江のことはすぐ具体的にわかる。問題は、志のの言動が悪かったのではなく、志のに対する大阪府尋常師範学校の生徒と教員の反応・意識のなかに、被差別部落への偏見・差別が抜きがたくひそめられていたということである。大阪府には長野県よりも大きな被差別部落があり戸数・人口も多かったゆえ、明治期には被差別部落への偏見も強く差別事件も多かったことは、全国水平社創立後の近代部落史研究が明らかにしている。

非難・排斥の動き

明治二十七年夏休み明けの大阪府尋常師範学校内での大江磯吉教諭への非難・排斥の動きが、具体的にどのように行われたのか、大江はそれにどのように対処したのかなどは不明である。しかし大江は排斥運動が起こってきた同年九月から翌二十八年三月の学年度末に転任するまでの渦中の七カ月を、毅然として存在している。このことを傍証する資料が、昭和六十年に大阪市教育センター指導主事の赤塚康雄によって発掘された(17)。

それは、大江が大阪府尋常師範学校在任中の二年間に『私立大阪教育会雑誌』に発表した七編の論文と、師範学校同窓会誌『友松会五十年史』に掲載された二編の講演記録である。前掲の論文「拒反ノ情」はその中の赴任間もないころのものである。大江の論文と講演記録は、心理学・教育方法学・教育心理学・教育史・教育学などの広い領域にわたっており、内容は「拒反ノ情」にみるように、いずれも鋭い考察である。そして師範学校内で大江に対して排斥の動きが広まった明治二十七年九月から翌年三月までの間に、『私立大阪教育会雑誌』に二編論文を発表し、同窓会「友松会」で一回の講演をしている。

これらの大江の論文・講演の内容と発表の経緯から、差別とのたたかいが推察できる。すなわち大江は、大阪府尋常師範学校における差別排斥の動きが広まるなかで、なお意欲的な研究論考を発表し、同窓会研修会で魅力的な講演をすることで、私立大阪教育会、同窓会「友松会」という教育の実践現場とのつながりを持ち続けたということである。これらのつながりは、明治二十六年四月に大江が大阪府に赴いていらいの継続に立ったものであるゆえに、二十七年九月から急に師範学校内に大江排除の動きが起きたからといってすぐ崩れるものではなかった。これら大阪府教育界の有志小学校教員たちの大江の学殖と誠実さへの敬愛が、大江のたたかいを支える陰の力のひとつとなったものといえる。そして大江もまたこれら教育現場の小学校教員有志との心をつなぎとめるだけの研鑽をさらに意欲的に続けたものといえる。このような大江のたたかいの方法こそ、既述の「飽くまで忍べ、力はすべてを解決する」という哲学に立ったものであった。

「自由と抑制」の先見性

しかし長野県よりも「部落差別」の実態が苛酷だった明治期の大阪府で、大江が「忍と力」の方法で、「部落差別」とたたかえたのは、もうひとつ大江自身に「忍と力」の哲学を深める条件があったものと、私は推測している。この推測を傍証しているのが、大江の大阪府在住最後に発表した異色の論文「自由と抑制」である。

「自由と抑制」は、明治二十八年三月三十一日発行の『私立大阪教育会雑誌』第百五号に収載された。句読点なしの約二千八百四十字からなる密度の高い論文である。次に全文を引用する。

自由と抑制

自由は人間の天賦《てんぷ》にして個人のみならず社会及国家も亦之《また》を有せざるべからずとは世の一般に確信する所なり　然《しか》れども自由てふ観念は往古にありては容易に人心に発生することなかりき　東洋の歴史は暫《しばら》く措《お》き　泰西《たいせい》（注・西洋）に於ては雅典の文物に於ける羅馬《ローマ》の共和政治に於ける皆自由思想の発揮せしを見れども　其自由は近代に於ける自由思想と其性質其範囲に於て甚だ懸隔《けんかく》せるもの丶如し　羅馬帝政の世となるや自由の思想は漸次《ぜんじ》其光明を失ひ　其国家の傾覆《けいふく》するに至りては全く其痕跡《こんせき》を湮滅《えんめつ》するに至れり

泰西の中世時代特に暗黒時代に於ては総ての文明皆其根を断ち　第九世紀に於て「シャーレマン」帝の時其微光を放つあるのみ　随《したが》て自由の観念及思想も亦蒙蔽《もうへい》（注・く

らくふさがれる）たるを免《まぬ》がれざりき　然れども欧州各国其自国の言語を形成し希臘《ギリシャ》語及羅甸《ラテン》語の媒介により　古代の思想を変じて各其所有となすの時に方《あた》り　多くは教権の下に服従したりと雖《いえど》も　識者にして自由の思想を懐抱《かいほう》せしものも輩出するに至れり　当時は近世科学の研究法尚未だ其知る所とならず　随て自由思想の発動する所其範囲極めて狭隘《きょうあい》にして　多くは神学上及哲学上の事項に限れり　而して従来全社会に瀰漫《びまん》せし所の抑制なる思想と衝突を来たし、は　宗教上に其端を啓けり　「ウヰクリフ」「ジエローム」「ハス」の如きは実に其先鞭者たりき　而して近世に至りては此思想漸《ようや》く著明となり　「マーチンルーサー」の宗教改革となり　爾来《じらい》幾多の戦乱となり而して英国の革命となり米国の独立となり仏国の革命となり　其間又幾多の哲学者輩出し倫理上政治上に此思想を攪揮《かくき》し　遂に今日の如く自由を以て貴重必須のものと認むるに至れり

此の如く自由なる思想は　幾多の年月幾多の変遷を経由し来りて遂に今日の状に達せりと雖も　性質上範囲上其関係する所極めて広漠《こうばく》にして　彼此相矛盾し相衝突することあるを免《まぬが》れず　其矛盾其衝突を除去し転滑《てんかつ》ならしむるは　実に精緻《せいち》該博なる思想識見を要するなり　それ人間は個人として生存するのみならず　社会の一員とし又国家

の一員として生活するものなり　而して個人の外社会及国家は各其機関を有して其意志を発露す　かく三者は各単独に其意志を抑制せざるべからざるの位地に立てり　是に於て矛盾衝突を来すこと往々にしてあり　之を処理せんがためには倫理学政治学及法律学等の講究を以てす　故に一方より見るときは此等の学は如何にして其矛盾其衝突を除去し転滑ならしむべきかを論ずるものと謂《い》ふを得べし　換言すれば一の意志と他の意志とは如何にして之を結合すべきかと云ふにあり

自由なる思想は万般の事項に関係す　故に工業の如き商業の如き或は美術の如き如何にして此自由を失はしめざるべきか　学問の如き教育の如き或は宗教の如き如何にして此自由を失はしめざるべきかは　識者の常に思念する所にして　我国の如きは泰西の如く剣戟《けんげき》に訴へ血を雨《ふ》らすの惨劇を呈せざりしかども　彼の経歴する所は直に採《と》て而して我の用に供せり　茲《ここ》に於て政治上の三権の如き其行動は悉《ことごと》く其軌道を逸出せざらんことを勉む　自由は此の如くに貴重にして必須《ひっす》なり　教育上に於ても之を考慮するの価値充分に存するものと謂《い》はざるべからず　泰西教育者間にては自由は実は一大問題となす所にして　或は之を以て教育の主眼と認むるものあり　仮令《たとい》之を教育の目的と定めざるも如何なる方法によりて此自由を処理すべきかを思慮するものあり　実

に当然のことにして　宇宙間総ての生活及生活体と見做《な》し得べきものを統轄《とうかつ》する此大法を蔑視するが如きことあらば　幾世代間泰西人が辛酸を嘗《な》めてなしたる経験は無用のことたりと謂はざるべからず　又我邦が之を採用したるも徒労の業と謂はざるべからず　次代に於ける国家の元素をなす此国民を教育するに　此大法を忘却するは愚の甚しきものと謂はざるべからず

世の父母教師たる者自由なる語を解釈し得る者幾人かある　又其意義を領会《りょうかい》し而して教育事業の上に於て錯誤を来さゞる者幾人かある　今一《ひとつ》の家庭に就き其父母が児童を教養する方法を見るに　其思想行動に干渉し仮令其思想行動の倫理に背違する所なきにも拘《かか》はらず之を抑制するを見る　加之《これをくわうるに》往々其発育進歩に裨益《ひえき》ある事項と雖も尚且仮《ゆる》さず　余は其父母たる者が如何にしてかゝる無制限の権力を得たるかを恠《あやし》む　又其児童たる者が如何にして其酷薄なる抑制を蒙《こうむ》らざるべからざるかを恠む　余は児童の思想行動は父母たる者が毫《ごう》も之れに干渉するの権力なきものなりとは謂はず　然れども無制限の権力若しくは不規則なる権力の執行は　到底教育上に其良果を得る能はざるものなるを知る　此の如きは寧《むし》ろ彼の一派の教育者が唱導せしが如く　自然の教育に委託するの可なるを見る

学校の教育に於ても亦多くの欠点を有す　学校は彼の家庭に於けるが如く単純ならずして複雑なる関係を存す　先づ茲に注意すべきは　校長と教員との関係教員と生徒との関係及生徒の自由抑制に関する事項是なり

校長は其意志を有せざるべからず　教員も亦其意志を有せざるべからず　而して両者の意志各自由ならざるべからず　各単独ならざるべからず　而して又両々相融和結合せざるべからず　其一《ひとつ》他を抑制すること度を過ぐるときは茲に憂ふべき結果を生ず　一方に於ては秩序の誤錯となり一方に於ては勢力の反抗となり或は心意の萎微《いび》となる　其誤錯其反抗及萎微共に学校の隆替に関し生徒教員の弛張に関す　天下此誤謬を犯さゞるもの盖《けだし》稀なり

教員と生徒との関係は最も見易き事項にして　其誤謬の存する所は体育に於てし或は智育徳育に於てす　而して特に智育及徳育に於て著し　元来教育の学たる其関係する所極めて広く　随て之を論議する者医学上政治上法律上経済上或は理学上に種々の見解を呈出す　然れども教育はかゝる局部を見て而して之れを論ずべきものにあらず　該博なる智識識見によりて初めて其正鵠《せいこく》（注・物事の急所）に達すべきものなり　然るに其偏見は往々俗論の流行となり　而して教育者の之れが為めに動かされ或は自ら

之を主張する者ありて　教育上誤謬の処置をなすこと極めて多し　若し今日一般に行はるゝ教育の方法を取りて一々之れを査察すれば　其智育及徳育の上に於て生徒を抑制するに過ぎ、其自由心意の発動を妨害する者少からず往々にして其心意を萎微せしめ却て智力の発達を停止し又不徳に陥らしむ　教師たる者自由と抑制との区別を明にし　務めて教育上の錯誤を避くることを勉めざるべからず　此詳細に亘《わた》るの事項は他日を期して論述することあらん

次に生徒の自由及抑制に関する事項を述べん　生徒の自由及抑制は如何なる程度に於て如何なる期限に於て如何なる方法を用ふべきかは　教育の目的とする所によりて異なるべしと雖《いえど》も　元来児童は生れながらにして完全なるものにあらず　又或学者の唱導するが如く自然物として善なるものなりと謂ふが如きものにもあらず　幾多歳月の教育によりて遂には道徳的品性を有するものたらしめざるべからず　故に教育者たるものは其程度其期限其方法に於て適当の自由及抑制を与ふるべきことを忘却すべからず　而して遂には生徒をして優游《ゆうゆう》自由の域に逍遥《しょうよう》し　全然抑制の羈絆《きはん》を脱したる者たらしめざるべからず

大江の教育哲学ともいうべき「自由と抑制」を貫いている論旨の眼目を、私流儀に要約すれば次のようになろう。「西欧において長い歴史的経緯のなかで獲得された人間の〝自由〟は、貴重であり必須である。自由の意義を正しく理解しないで、誤った俗論にとらわれている者は、自由と抑制の区別も明らかにできない。教育において自由の意義を錯覚すれば、生徒の智育と徳育に大きな支障を生ずる」。そしてこの論考を次のように結んでいる。「而して遂には生徒をして優游自由の域に逍遥し、全然抑制の羈絆を脱したる者たらしめざるべからず」。

日清戦争下に、人間の自由の本質を論じ、教育における自由の錯誤を批判し、自由と抑制の峻別について該博な識見を培うことの重要さを強く訴えている大江の精神の姿勢は、まさに強靭であり先見的である。

大江が大阪府尋常師範学校へ赴任して間もなく発表した「拒反ノ情」も、既述のように先見的論考であったが、それは人間の深層心理への独自の究明であった。それに対して「素性」を暴かれ排斥の動きが広まっているなかで執筆され、大阪府在住の最後に発表された論考「自由と抑制」の先見性には、社会的な視座と自由民権思想の伏流が看取されるところが異色である。大江は「自由と抑制」に書いたような精神に立って受難に対峙《たいじ》したものと考えられる。が、大江がこのような精神の視座を培ううえで、強く触発されたのは中江兆民《ちょうみん》の思想だろうと推測される。

中江兆民の思想

中江兆民は幕末（一八四七年）に足軽の土佐藩士の長男に生まれた。明治四年にフランスに二年間留学し、同七年二十七歳のとき帰国して東京で仏学塾を開いた。そしてルソーの社会契約論をはじめフランスを中心とする近代自由主義・民主主義思想を教え、雑誌『政理叢談』を発刊し、その誌上にルソーの『社会契約論』を漢文訳した『民約訳解』を掲載して多くの人に影響を与えた。兆民はこのなかで土佐派知識人から民衆知識人へと変革していった。

兆民は、明治二十年十二月に保安条例により東京を追放されて大阪へ。大阪では大阪府尋常師範学校に近い西成郡曽根崎村に住んだ。そして翌年一月十五日に大阪で創刊された日刊紙「東雲《しののめ》新聞」の主筆となった。

主筆兆民は「東雲新聞」に多彩で多岐にわたる論説を執筆したが、中下層の勤労民衆の立場に立った自由民権の精神を強調した論説は異色であった。そのひとつが明治二十一年二月十四日付の紙上に、被差別部落の住民「大円居士」の投書という形で発表した「新民世界」である。日本の新聞史・言論史における初めての部落解放論である。

ちなみに、兆民は明治二十三年七月一日の第一回総選挙に大阪四区から立候補し、被差別部落の住民からの熱い支持をえて衆議院議員に当選した。そして在野勢力の統一と民党の勢力結集に努めたが、第一議会における政府と民党との衝突のなかで、政府に妥協した衆議院を強く非難して議員を辞職した。明治二十四年夏に北海道小樽に赴き、同地の「北門新報」主筆となった。このときアイヌに対する政府および日本人植民者の差別に憤り、これに激しい筆誅《ひっちゅう》を加えた。明治二十六年から実業活動に転じさまざまな事業にかかわったが成功しなかった。明治三十三年に食道癌《がん》を発病、翌年十二月に五十四歳で死去した。そして病床で執筆した『一年有半』『続一年有半』が遺稿となった。

中江兆民の「新民世界」

大江磯吉が大阪府尋常師範学校教諭に赴いたのは明治二十六年ゆえ、兆民の「新民世界」が「東雲新聞」に掲載されてから五年後である。しかし筆者兆民も掲載紙「東雲新聞」も大阪では広く知られており、しかも「新民世界」は異色の内容だったゆえ、正負さまざまなかたちで市民の記憶に残っていたことと思う。そして兆民はたまたま明治二十六年の夏に一度帰阪したため、兆民を衆議院に送りこんだ大阪四区の人びとや兆民ととりわけ親しい交わりのあった西浜町（現・大阪市）の被差別部落の人びとには、兆民の思想と運動への共感がよみがえったことは否めない。

このような大阪における中江兆民の言動は、当然大江にも伝わってきたことと思う。大江は高等師範学校在学時代からフランスのコンペレー（一八四三〜一九一三）の開発主義教育理論を専修してきていたし、その後も西欧の近代教育学・心理学を原書で学び続けてきている。また「自由と抑制」のなかでは、欧米における自由獲得の歴史的変遷を具体的に述べている。このような大江が、中江兆民訳の『民約訳解』など知らないはずがない。それゆえ兆民の「新民世界」の思想にもおのずとふれる機会があったといえる。大江の心のなかにひそんでいた兆民の自由民権思想への共感が、明治二十七年九月からの、みずからの受難のなかで激しくみずからを撃ったものと推測される。

兆民の論説「新民世界」は、㈠㈡からなる。ここには㈠の全文を引用してみる（松永昌三編『中江兆民評論集』岩波文庫所収）。

新民世界　㈠

余は社会の最下層の更にその下層に居る種族にして印度のパリヤー、希臘《ギリシャ》のイロットと同僚なる新平民にして、昔日《せきじつ》公らの穢多と呼びなしたる人物なり。

王政中興の盛時に際し百度革張の運に遭《あ》ひ、穢多の醜号を除き新平民の栄称を賜ひたるは、公ら平民連中にありてはさまで心に感ずる所なきか、あるいは不快の感あるかは知らざれども、余輩においては実に世々子孫の末までも感泣の至《いたり》に堪へざるなり。這回《こんかい》貴社の一新報を創設したるを聞き、その新報の平民旨義を執るを聞き、余窃《ひそか》に感発する所あり。けだし余輩旧穢多の詞章にして貴社新紙の欄を汚すと思惟するの鄙《ひ》念《ねん》あれば、速かにこれを茶毘《だび》一縷《いちる》の煙に付し去れ。もししからずして穢多の議論の中あるいは炯々《けいけい》たる真理の爝火《しゃくか》ありとせば、幸に一日の余白を惜し給はんことを請ふ。

公ら記者たちは平民的の旨義を執りて貴族的の旨義を攻撃する者なり。余輩は新民的の旨義を執りて平民的の旨義を攻撃する者なり。余輩は新平民もこの日本の地上に起居し、この日本の空気を吸嘘し、この日本制度の下に生活す。公ら果《はたし》て不快を感ずるならば能《よ》く余輩がこの日本の地上に起居し、この日本の空気を吸嘘し、この日本制度の下に生活することを禁じて、退去せしむることを得るか。もし退去せしむることを得るならば余輩をいづれの地に送り付けんと欲するか。余輩を如何せんと欲するか。公ら自ら夸《ほこ》る所の平民旨義は何ぞそれ貴族的なるや。公ら何ぞ平民的の平の字を去り易《か》ふるに新の字を以てして新民的と称するの勇気なきや。平民とは貴族に対する語なり。これ公ら眼界中なお貴族なる意象あるなり。新民とは旧民に対するの語なり。卑々屈々自由を奪はれ、権理を褫《うば》はれ、同一人類なる士族のために打たれ踏まれ軽蔑《けいべつ》されて憤発することを知らざりし旧時の民に対するの語なり。始なく終なく縁なく辺なく日月星辰を懸け河海山嶽を載せ、上下無限歳、縦横無限里、混々茫々たる一大円塊こそこれ我が新民の世界なり。貴族に対する平民の世界はこの大円塊中一箇の芥子《けし》粒《つぶ》にだも如《し》かざるなり。余輩実に憫笑《びんしょう》に堪へざるなり。公ら今において先非《せんぴ》を悔ひ往《おう》過《か》を改め、狭隘《きょうあい》なる平民世界を去りて濶大《かつだい》なる新民世界に進み来らば、余輩固《もと》よりこれが仲間入を許容せんのみ。社会的の妄念《もうねん》を破除して社会的の悟道を得せしむること、これ余輩新民的宗教の済度《さいど》の本旨なり。

　公ら看《み》ずや、明治の今代《こんだい》第十九世紀の今日は地球上到る処皆新民ならざるなし、到る処卑屈の旧殻を蟬脱《せんだつ》することを求めざるなし。公らなほ平民の称号を足れりとし、自ら区域を狭ばめ自ら眼界を低くし、早くすでに一新したる我輩を軽侮して我れと我れから旧染の汚れを暴《さら》け出して自ら恥ぢざるとは近頃笑止の極《きわみ》なるや。公ら果て旧民の殻を脱することを欲せば、造次《ぞうじ》（注・とっさの場合）にも顚沛《てんぱい》（注・つまずき倒れる）にも唯この一の新の字を忘るることなく、学問も新、文芸も新、農も新、工も新、商賈《しょうこ》も新、法律も代言も芝居も料理も政治論も新聞も夫婦の交も親子の間柄も、凡《およ》そ天下の事社会の物を把り来りて皆この一の新てふ意象を印捺《いんなつ》せよ。余輩は則ち公らを延《ひ》ひて余輩新民世界の中に納《い》れんのみ。過而不改謂之過（過《あやま》ちて改めざる、これを過ちという）。

兆民は「新民世界」のなかで、みずからを被差別部落の住民の位置に置き、差別の存在を放置している社会体制と、それを容認している差別・偏見の意識を鋭く告発している。

大江磯吉の「忍と力」の哲学

大江磯吉の「自由と抑制」を中江兆民の「新民世界」と比較考察してみると、兆民の「新民世界」の言説からの直接の引用はない。が、大江の述べている自由の思想には、ルソーに学んだ兆民の自由民権の思想が、大江自身の意識のなかに受けとめられ大江自身の言葉に溶け込んで表現されていることがうかがえる。大江は、「部落差別」による排斥という受難のなかで「自由と抑制」に込めた精神でこれを忍びこれを凝視《ぎょうし》して、より強い精神を培った（こういう方法で差別と対峙した）ことが感得される。

しかしこのような考察に対して、それならばなぜ大江はみずからの言葉で「穢多」「新平民」に対する差別・偏見に具体的に言及しなかったのかと問う人もいるかもしれない。

それに対して私は次のように答えたい。――知識人さえ誤った被差別部落観を当然としていた明治期の社会（大阪府尋常師範学校の教員・生徒が、同僚であり先生である大江教諭をその出身のゆえに排斥しようとしていたという事実）のなかにあって、これらと対峙しこれらとたたかおうとした者はまだごく少数であった。そしてそれゆえに、そのたたかいのしかたは難しかった。兆民は自他とともにゆるす自由な言論人であったがゆえに「新民世界」のような告発のしかたができたのである。しかし兆民の告発に共鳴した民衆もいたが、兆民に反発した体制派の知識人も多かった。そして大江は公立の師範学校教諭であり、被差別部落の出身である。その立場での差別への抵抗の表白《ひょうはく》は、おのずと違った方法たらざるをえない状況があった。それはたたかいの強さ弱さの差ではなく、方法の違いである。大江は「拒反ノ情」では人間の心理の深部へ錘《おもり》を下ろし、「自由と抑制」では社会とのかかわりのなかで、自由の鐘を鳴らしている。このような独自の心理と論理の座標のなかで、人間への差別と対峙しようとしたのであった。そしてこれは兆民の行動的思想とは違う「忍と力」の哲学であった。したがって大江は大阪でも大阪府立尋常師範学校教諭の職を追われたが、その精神は敗北しなかったのである。

Ⅳ　鳥取県尋常師範学校教諭時代

一　鳥取師範における教育実践

小早川潔の後楯

大阪府尋常師範学校教諭を排斥された大江磯吉を、明治二十八（一八九五）年四月、鳥取県尋常師範学校教諭に迎え入れてくれたのは学校長小早川潔《こばやがわきよし》であった。

小早川潔は安政五（一八五八）年に信州上田藩士の家に生まれた。明治十年十九歳のとき長野県師範学校小学師範学科第一期試験に及第して小学校訓導の資格を取得。さらに志を立てて翌年上京して、同人社で英学を、原要義塾で数学をそれぞれ修め、明治十二年に東京師範学校中学師範学科に入学した。同十六年に卒業とともに新設の郡立上水内中学校の校長に就任。同中学校が翌年九月に改組されて長野県中学校長野本校となったとき教場監事に任命された。そして明治十七年に創立の「私立長野教育談会」が、同年末に「長野教育会」と改称され、小早川が会長に選ばれている。長野教育会は明治十九年に組織を拡大して「信濃教育会」となった。このとき小早川は会長を退き、「師範学校令」によって改組された長野県尋常師範学校の教諭に転じた。ついで小早川は明治二十一年四月に鳥取県尋常師範学校に教頭として迎えられ、同二十四年九月三十三歳で校長に任ぜられた。

小早川が長野県尋常師範学校教諭に転任した明治十九年は、九月に大江が同校に「出仕」として引き取られた年であり、浅岡一が学校長として赴任してきた年であった。それゆえ小早川は、大江のことを、そして大江を容れた浅岡のこともよく知っていた。その出身によって三度までも排斥され追放された大江を、誤った被差別部落観を当然としていた明治期の教育界のなかで、積極的に鳥取県尋常師範学校に招いた小早川校長は（浅岡と同じように）、度量の広い人であった。小早川は郷里の後輩大江が優れた教員でありながら長野でも大阪でも排斥されたことに思いをいたし、「自分が後楯《うしろだて》になって、その力量を鳥取県の教育界に生かそう」と覚悟して採用したと言われている。

小早川校長との別れ

大江磯吉は明治二十八年四月十二日に、こんどは妻つまを伴って鳥取県尋常師範学校に着任した。着任早々の大江は小早川校長から附属小学校主事に任命されている。

大江が赴任したとき用意されていた住宅は、鳥取市東町三〇九番屋敷であった。鳥取県近代教育史研究者の篠村昭二によれば(18)、これは鳥取県尋常師範学校教諭津田元徳《もとのり》の斡《あっ》旋《せん》によるものだろうという。

津田元徳は、旧姓名三村徳蔵で、気高《けたか》郡宝木《ほうぎ》村の農家の長男に生まれたが、成人したのち望まれて津田家の養子になり元徳と改名した。津田家は旧鳥取藩家老の家柄で、鳥取城の堀端の広い屋敷(東町三一二番屋敷)にあった。そして大江の住居はこの津田屋敷あたりだということになる。津田が大江のためにこのような配慮をしてくれたのはなぜか。

津田元徳は、明治二十一年に鳥取県尋常師範学校を卒業すると同時に附属小学校訓導となり、翌年高等師範学校に入学。明治二十七年卒業とともに母校鳥取師範学校の教諭になった。それゆえ津田は高等師範学校では大江の後輩であり、鳥取県尋常師範学校でははからずも同僚となった。津田は大江の出身のことを知っていたゆえに、あえて元鳥取藩家老屋敷のあった東町の津田家の近隣に住まわせることによって、明治期の鳥取県民の偏見から護ろうと配慮したものと推測される。

小早川校長は、大江を迎えたばかりの明治二十八年七月に、茨城県尋常師範学校長に転任を命ぜられた。大江と共に過ごしたのは三カ月余であったが、大江にとっての小早川校長は(浅岡校長とともに)、みずからの人生の危機を救ってくれた忘れがたい人であった。

七月十八日に鳥取県尋常師範学校講堂で小早川校長の離任式が挙行された。篠村昭二によれば(19)、このとき大江は教職員を代表して小早川校長の業績を讃える次のような趣旨の送辞を述べたという。

師範学校校舎を新築したこと（明治二十二年）、校内諸規則を整備したこと（同二十三年）、男女生徒の多数を訓育したこと（女子師範科卒業生は同二十六年と翌年の二回のみ）、会長として鳥取県教育会の隆盛を実現したこと、鳥取高等女学校（現・鳥取西高等学校）の創立を助けたこと（同二十一年）の五項目が、顕著な事実だと大江は言う。

鳥取県は「僻地」であり「辺土」であるけれども、文運の盛んなことは近隣諸県に「優るとも劣るなき」有様だ。これこそは、すぐれた教師を送り出し、県内文化の水準を高めた小早川校長の功績というものである。それは、単なる教育事業家のよくするところではなくて、小早川校長のような、人格的な教育者によってのみ可能なことであった。この人に接した者が、永遠に忘れることができないのは、その「徳性」と「厚誼」だ。温雅に人に接しながらも侵すべからざるものを持ち、職員をあつく礼遇しながら深い感化を与えている。「実に得易すからざる上長なり」と、大江は述べた。

大江教諭の述べている小早川校長の業績讃辞は、教職員を代表しての送別の辞であるが、また大江自身の小早川校長への敬愛の念が託されているといえる。「この人に接した者が、永遠に忘れることができないのは、その『徳性』と『厚誼』だ。温雅に人に接しながらも侵すべがらざるものを持ち、職員をあつく礼遇しながら深い感化を与えている」というくだりからは、大江の深い思いが伝わってくる。

大江磯吉の告白の真偽

鳥取県尋常師範学校における大江教諭の授業は、小早川校長の期待と後任の三橋得三《みはしとくぞう》校長の期待によく応えるものであった。そして附属小学校主事としての仕事も訓導たちから信頼を寄せられた。

明治期の鳥取県にも被差別部落はあった（因幡《いなば》・伯耆《ほうき》地方に散在しており、大正期の内務省調査では、八一部落、三〇〇六戸、一万九〇二二人）。そして被差別部落の住民への差別や偏見は、長野県や大阪府と同様にあった。それにもかかわらず、鳥取県尋常師範学校時代の大江はその出身によって排斥されることが全くなかった。むしろ教職員・生徒から敬慕されて過ごすことができた。それはなぜだろうか。

大江が師範学校着任式のとき、「自分の身分を明らかにし、生徒の前でも堂々と発表して、勉学の尊さを説いたという」水野都沚生説(20)が長く通説になっていた。現在でも飯田市在住の関島祐輔は、このことをさらに増幅して、次のように言っている(21)。「四月三日鳥取師範の一年生のある教室で、一時間三十分という長い時間磯吉は朗々と我が身分のことを話した。そして話し終えた後、／時間は二十秒位たったであろうか。静まりかえった教室から俄然、誰かが立ち上がって『大江先生万歳、大江先生万歳』と彼の元へ跪《ひざまず》くように集まった。泣き出す者も居る。その声はいつまでも止まなかった」。しかし関島は、このドラマティックな告白場面を証明する何らの資料も示していない（水野説も「説いたという」と風聞で述べられていて、その証拠は示されていないが……）。

大江教諭が鳥取県尋常師範学校で赴任早々に生徒の前で堂々と身分を明らかにしたゆえに、生徒・教職員の共感を得て差別されなかったという説は、全くの誤謬である。鳥取県の二人の研究者の次の証言(22)がこのことを明らかにしている。

「実証性に欠けている。管見の及ぶかぎり師範学校の教室で大江が自分の出身を告白したという事実はなかった。大江在任当時および大正初年にも鳥取でもきびしい差別があり、差別的な表現も横行していた。大江もそういうなかで生活していたことはまちがいない。そして鳥取県の教育界の人たちは、大江の出身については承知していた。しかし大江への差別的言動は全くなかった。差別がなかったばかりではない。都田《みやこだ》忠次郎という四歳年下の同僚教師は、『大江先生は物事を冷静に処理する人であったし、仕事は情熱的に進める人であった』という賛辞を残している。都田のような教師は少なからず鳥取にはいた。生徒の中にも都田と同じような尊敬の念をもった者が多くいた」（篠村昭二）。

「当時（明治期）の鳥取県は保守性に加えて差別観の強い土地柄であった。いくら大江が部落問題を語ったとしても、それを受け入れる土壌は師範学校に於てもあり得なかったことと思う。／大江がそのような封建遺制の根強い雰囲気の中で、あえて部落民宣言のようなことをする（そういう方法でたたかう）とは思えない。……」（鳥取県近代部落史研究者・宇田川宏）。

鳥取県在住のこの二人の研究者の証言と、本書のなかで既に述べた大阪府尋常師範学校教諭時代の大江が受難に対峙した精神とを合わせて考察すると、鳥取県尋常師範学校において大江が教職員・生徒および鳥取県教育界から敬愛されたのは、「飽くまで忍べ、力はすべてを解決する」という精神を大江が深化させていたからであり、それを貫くための方法的実践の持続とその実践を支えた意志の強さと熱意のためであったといえる。具体的には、欧米の新しい教育学・心理学を原書で学び、それを当時の日本の教育風土にどう生かすかを研究し、熱意をもって生徒に授業したことなどである。その力量・見識・誠意ゆえに主事を兼ねていた附属小学校の都田忠次郎訓導ら同僚からも敬愛されたのであった。

「五段教授法につきて」の発表

当時鳥取県尋常師範学校生徒として大江教諭から教わった西古鶴寿《さいこつるじゅ》（明治三十五年卒業）が鳥取県師範学校校友会雑誌『尚徳』（昭和十二年刊）のなかで、大江の学識にふれて次のような感嘆の声を残している。「先生の学問の該博なる、時には微積分の話も出るし、時には書道の話も出る。心理学の講義はコンペーアのものであったが、後から来られた先生がこんな六ヶ敷（難しい）ものを読んでも、役に立たぬと薄い活字の大きな教科書に改められたのは、飽きたらぬこと夥《おびただ》しかった」。――大江の学識への当時の生徒の敬愛の念を証している回想のひとつである。

大江の教育方法論を証す資料の一つに、明治三十年八月八日発行の『山陰之教育』第二十七号に大江の発表した次のような「五段教授法につきて」がある。

五段教授法につきて

五段教授法といふ詞は教授上常に用ひらるる流行語となれり　随ひて教授といへば五段の形式を備へざるべからざるものなりと合点するものも世には多くなれりと見ゆこれ教授上にて一大誤謬《ごびゅう》を致せる根本なれば左にその誤れる点を挙げん

回顧すれば十数年のむかし開発教授法といふ新流行語は我国教育者を心酔せしめために極端に走りて　如何なる場合にも教授といへば開発的ならざるべからずと思惟せしもの多かりき　児童に国家地名を開発せしめんとしたるが如き今日に至るまで一笑《しょう》話《わ》柄《へい》となりをる程なり　そもいつしか識者の看破する所となりて開発教授法も無

限の良法にあらず　注入教授法も全く捨つべきものにあらざることとなり　真理は極端に存せずして中庸にありといふ語の確実なるを証明したり

今日所謂《いわゆる》五段教授法も亦之に類するものなきにあらず　その新流行語の広く行はると共に一般にこれに心酔するに至り　一字一句を教授するにも亦五段教授法の形式に拠《よ》らざるべからざるものなりと合点するものの如し　いつしか従来慣用せる教授形式は全く教授者の排斥する所となり終れり　仮令《たとい》之を排斥し終らずといへどもそは代ふべき五段形式を組立つる能はざるが故に　おのが教授形式に不信任投票を投じつつも尚且つ暫時《ざんじ》之に拠るものの如し　而しておのが現に行ひつつある形式はその教授に最も適当せるものなることを悟らざるなり

かく世に誤解者の多きを致せるも先覚者に於ても多少の責なきにあらず「ライン」氏の如き湯本氏の如き　其自ら奉ぜる五段教授法を世に紹介し公示するに当りて　その熱心の溢《あふ》るる所少しの顧慮もなく五段教授法を以て如何なる場合にも行ひ得べきものの如く吹聴すればなり　然れども此の如きは新説新法を唱導するに当りては免《まぬが》るべからざることにして深く先覚者を責むべからざるなり　特にその全篇全章を誦読するときは自らその吹聴の程度も知り得べければなり　要するに先覚者は五段教授法を用

ひ得べき場合に於ては必ず之を用ひざるべからずといふに過ぎずして　五段教授法を用ひ得べからざる場合に必ず之を用ひよといふにあらざるなり　さればその学説その新法を学ばんとするものはそを心せざるべからず　されば先覚者の思ひまうけぬことにて後進者の誤解せる点はいづれにあるか　そは五段教授法なるものの性質を稽査《けいさ》（注・考えて詳しく調べる）するによりて明瞭となるべし　五段の形式とは一般に知れわたりたる如く予備　提示　連結　総括　応用の五段階にして　この五段階は厳密に心意の理法に適合せるものなれば　教授をして有効ならしめんには必ずこれに拠るべきは必然なれども　其予備提示は個体観念を授与する場合の手数にして　連結　総括は概念を授与する場合の手数なり　故に「ヘルバルト」派の教育者中にも観察　思考　応用等の三段階となし　或は暁解《ぎょうかい》　連結　系統　方法等の四段階となすもあり　要するに五段と言ひ四段といひ三段といふは便宜上与へたる名称にして　人々の適当と思はるる区分をなしたるに過ぎず　五段にても可なり四段にても可なり三段にても可なり要は唯心意の理法に適合するにあり

心意がその智識を万般の事物に応用せんには　一般に通ずる事理を得ざるべからず　一般の事理即他の一面より見るときは概念を得んには先づ個体観念を得んことを必要

とす　個体観念を与へ而して之を応用するに至らしむるは　是れ「ヘルバルト」派のものが五段教授法を唱導せる根基なり　故に若し個体観念のみを与ふるに止まりて概念を与ふるを要せざる場合に　強いて五段教授法を用ひんとするは是れ誤謬の大なるものにして　現に世の教育者が自ら犯して知らざる所のものなり　されば五段教授法によりて実地に教授せんと企図するものは　先づその教授材料につきて個体観念を授与するに止まるときは五段形式中の第一及第二段階に拠るべく　概念をも授与せんとするときは五段の階段を経由すべものと心得べし

されば彼の開発的教授法が無限に採用せらるべきものにあらずして　注入的教授法と併用せられざるべからざるものなりしが如く　五段教授法も亦無限に採用せらるべきものにあらずして従来の教授式も亦全く排斥すべきものにあらざるなり　何となれば両教授形式は共に厳密なる心理的基礎の上に組立てられたるものにして　彼は其区分精細に此はその区画漠然たりしに過ぎざればなり

「五段教授法につきて」で大江が述べている論旨は、当時の教育界で流行していたヘルバルト派の五段教授法が教授方法として万能ではないと批判し、これに固執し便乗することを戒め、「真理は極端に存せずして中庸にあり」と強調していることである。

「ヘルバルト教授法」はドイツの教育学者ヘルバルト（一七七六〜一八四一）が提唱したもの。それは知識を記憶させるだけの旧来の教授方法の改善をめざし、直観から出発して観念に至る教授方式、すなわち「予備　提示　連結　統括　応用」の五段を段階的に展開する方式の提唱である。日本では明治二十年代後半から各府県尋常師範学校における教育を軸にして教育界に広まり、大江が鳥取県尋常師範学校教諭に在任したころはその全盛期であった。そして師範学校におけるヘルバルト派教育の推進者は同僚の津田元徳であった。

大江がヘルバルト派の教育方法を批判した論考「五段教授法につきて」を発表したのは、津田が転任して間もなくである。人間の自由尊重に立ったフランスのコンペレーの開発主義教育を深く研究してきていた大江にとって、ヘルバルト派の教育思潮にひそむ負の側面――強制を容認し画一性に陥るおそれのある側面が、すでに明治二十三年十月三十日に発布された「教育ニ関スル勅語」（「教育勅語」）に重ねて日清戦争後の日本の教育が国家主義に向かっている状況と結びつくことに、危惧の念をいだいていたためである。それゆえ「真理は極端に存せず中庸にあり」という大江の言説には、大阪時代に発表した論考「拒反ノ情」における心象作用の画一化批判や「自由と抑制」における自由の本質への認識に連動する大江の精神の姿勢が感得できる。

そしてこの精神の姿勢を支えていたものは、大江が郷里における少年期から長野県尋常師範学校教諭までの二十五年間に、「部落差別」とのたたかいのなかで、たたかいの方法としてみずから培った「忍と力」の哲学を、大阪時代にさらに増幅させ深化させたものである。大江が培ってきた「飽くまで忍べ」は、「力はすべてを解決する」と組み合わされたものであって、「忍べ」は忍従ではなく、差別を克服する力を冷静に内面にたくわえることを意味していたのである。「忍べ」は前衛に拮抗する後衛なのである。大江が鳥取県尋常師範学校教諭時代に篤学の人として敬愛されたのは、この「忍と力」によって培った力量・器量を発揮したからであったといえる。

二　休職処分をめぐって

故郷の家族への思いやり

大江磯吉は長野県尋常師範学校教諭時代から大阪府尋常師範学校教諭時代にかけて、郷里の母志のと兄虎之助の残した娘なを江のこと、そして家督相続のことが、いつも心にかかっていた。しかし身にふりかかる差別とのたたかいに寧日《ねいじつ》ないままに過ぎてきていた。明治二十六（一八九三）年に結婚したばかりのつまを郷里の母の許《もと》に残して大阪へ単身赴任したのも、母を案ずるためだった。そのつまをこんどは遠く鳥取へ伴ってきている。それゆえ郷里の家のことはさらに心に重かった。明治二十九年十月十六日に、大江は郷里下殿岡村の少年時代から支援を受けその後も変わりなく交誼の続いている友人・矢沢庄次郎あてに、「至急　親展」便で次のような懇ろな手紙を出したのは、鳥取県尋常師範学校教諭としての職責がようやく安定してきたなかで、具体的な解決策に乗り出すためであった。

拝啓　秋気相募り候処御渾家《こんか》（注・家中）皆々様御機嫌克奉賀候　降て小生方一同無事ニ罷在《まかりあり》候間　乍憚《はばかりながら》御放心被下度候　扨《さて》十月八日附御手紙被下難有拝見仕候色々御世話様ニ相成深く奉謝候　早速書状差出し御返事可申上筈之処折節過日来修学旅行として生徒引率郡部へ出張中ニ有之大遅延致し申訳無之候　亥太郎送籍の儀ニ付てハ万事御依頼申度　宜敷様御取計被下度候　矢澤礼三殿よりの御書面も有之候へどもう。。。免のを小生の附籍とする儀ハ他日発覚致し候際　小生の名儀にて罰せらるる様相成候間此儀ハ暫時《ざんじ》御見合被下度　此儀ハ別手紙として矢澤礼三殿へも申送り候間左様御承知被下度候

御手紙に御記載御報知被下候事「亥太郎ノ心ザス処ノ業ヲ申出到底生家ニテ就業スル能ハザル旨ノ願書ニテ双方承諾ノ上連署出願ノ儀」至極宜敷様被考候

又或ハ直ニ亥太郎をなを江の入夫とする手続即ち双方親戚及本人捺印の上願出で候はば或ハ許可にも可相成かと存候　既ニ先頃も大江虎之助戸主なりしも其戸主をやめて入夫も致しし候位の事　若し亥太郎入夫の許可を得候ハバ自然廃嫡《はいちゃく》（注・旧民法で家庭裁判所の審判により推定相続人の地位を失わせること）にも可相成事と被考候

右何れにても宜敷候間御取計被下度　若し弁護士等にて御知己の方も有之候ハバ御

尋ね被下度候　多分入夫出来候事と奉存候　乍然《しかしながら》入夫願ハ先廃嫡願を致したる上にて許可せられざる場合に致しても宜敷事と奉存候

右宜敷御取扱の程呉々も願上候　敬白

十月十六日　大江議吉

矢澤庄次郎様　侍史

この手紙で大江が矢沢に懇請している趣旨は、兄虎之助が戸主をやめて他家へ入夫しているので、虎之助の娘なを江に亥太郎を入婿させて戸主とし、なを江を廃嫡にするよう取りはからってほしいということである。

既述のように、亡父周八のあとを継いで戸主となった兄虎之助は、三十四歳のとき賭博犯で出奔。兄の妻きんはなを江を生んだのち明治十四年十一月に「不熟離縁ニ付送籍」となったので、なを江は祖父母に養育されてきていた。その後虎之助は愛知県の高橋らいへの入夫手続きのため明治二十六年九月十六日付で大江家戸主を「退隠」したので、十四歳のなを江が相続し「娘戸主」となっていた。この娘戸主を廃嫡にして、「同村の庄屋の蔵番をしていた貧しい伊藤家の長男亥太郎」(23)を、なを江に入婚させ、兄虎之助の家督を相続して戸主にしたいというものである。

大江は手紙のなかで亥太郎のことに関して、「御手紙に御記載御報知被下候事『亥太郎ノ心ザス処ノ業ヲ申出到底生家ニテ就業スル能ハザル旨ノ願書ニテ双方承諾ノ上連署出願ノ儀』至極宜敷様被考候」としたためている。――伊藤家の亥太郎の大江なを江への入婿は、大江の念願した方向で進み、明治二十九年十二月二十三日付で、十六歳のなを江は大江家戸主を退隠し、二十二歳の亥太郎が大江家の新しい戸主になっている。

磯吉はかねて母志のへの送金を続けてはいたが、これにより本家の家系相続と、亥太郎・なを江夫妻によって母の世話もしてもらいたい願いとを果たすことができたのである。そしてすでに分家し独立している磯吉自身の戸籍も安定したわけである。母志のとなを江のためにと尽力した磯吉の本意にひそむやさしさこそ、鳥取県尋常師範学校の教職員・生徒から敬愛された人間性と通底しているものといえる。

さらに、いかに生家伊藤家が貧しくても長男の亥太郎が、村内でよく知られている被差別部落の住民の娘なを江に入婿したことは、明治期の農村では異例のことであった。これは、叔父磯吉が〝師範学校の先生〟だということもあっただろうが、明治期の状況を考えれば、それよりも、磯吉の願いをくんで熱心に媒《なかだち》をしてくれた矢沢庄次郎、矢沢礼三ら村の有力者の力が大きかったことと思う。このことも見逃せない（ちなみに亥太郎・なを江夫妻は大正八年二月に愛知県千種町に転籍している。また、磯吉の手紙のなかの「う免の」は、磯吉の妹「宇女」を指しているものと考えられる。下殿岡村除籍簿によれば、宇女は明治四十年七月十一日に下伊那郡鼎村に嫁いでいる）。

先進的教育理念の追究

大江は「五段教授法につきて」につづいて、明治三十年九月八日発行の『山陰之教育』第二十八号に「教育の主義」という論考を発表している。これはヘルバルト派教育法の批判に連動するもので、教育にとって確かな主義（教育理念）とは何かを格調高く論じたものである。そしてその教育理念に立った具体的な教育方法論としての「教育観測法」と「言語練習」の二編を、同時期の『山陰之教育』に発表している。大江の開発主義教育論に立った独自の新鮮な方法論である。――明治三十年九月の「教育の主義」以降、同誌に大江磯吉名の論考が見られないのは、大江が『鳥取県教育雑誌』の編集主任になったからである。篠村昭二の調査(24)によれば、「大江は編集主任時代に『鳥取県教育雑誌』にペンネームで多くの文章を発表しており、そのなかには啓蒙主義的で自由主義的な考え方が述べられている」という。「五段教授法につきて」「教育の主義」を持続し深めていた大江の姿勢を証すものである。ここから篤学の人として生徒と同僚有志から敬愛されていた大江教諭の姿が、いみじくも伝わってくる。

教育方針の対立で休職処分

明治三十二年六月、鳥取県師範学校（明治三十年十月の「師範教育令」の公布により、明治十九年四月の「師範学校令」は廃止され、「尋常師範学校」は「師範学校」と改称された）の校長三橋得三の後任として、広島県師範学校長安達常正《あだちつねまさ》が着任した。安達校長は、日清戦争後の国家の要請に応えるべき師範学校教育に改組しようという意欲をひそめていた。しかし安達校長の教育方針は、既述のように三橋校長の信任のもとで大江教諭が実践してきた教育とはきびしく対立するものであった。

安達校長は明治三十三年二月に大江教諭の附属小学校主事を解任し、県外から迎え入れた杉山外世四郎《とよしろう》教諭を後任に充てた。杉山は大江と高等師範学校の同期である。ついで安達校長は同年十一月二十九日付で、大江教諭の鳥取県師範学校舎監長を免じ休職を命ずる措置をとった。そして大江主事の教育理念に共鳴し協力していた附属小学校訓導の都田《みやこだ》忠次郎（兼舎監）・影井市蔵・上地直永と、師範学校助教諭で舎監兼任の住野仙蔵の四人も、大江と一緒に休職処分にした。そして安達の側近となっていた杉山教諭が舎監長などの大江のポストを受け継ぎ、安達・杉山に同調していた師範学校助教諭小林多賀蔵は教諭に昇任した。――安達校長によるこの大江教諭と都田訓導ら四人の休職処分は、鳥取県教育界に波紋をまきおこした。大江主事は抜群の学識により、都田訓導は「地味で剛毅《ごうき》な教師として」、それぞれに人望を集めていたゆえに。たとえば鳥取県尋常師範学校第一回卒業（明治二十一年）の鈴木千代松は、鳥取県教育会総集会の席で立ち上がり、安達師範学校長に対して「解任は不当だ」と問責(25)している。鈴木は、豊かな見識と「義侠の血」をもった小学校長として鳥取県教育界に風雲を呼んだ人だという。このような鈴木ゆえに、大江教諭の学識と理念を理解しており、果敢な問責もなしえたものといえる。

同志にあてた私信

安達校長から休職処分にされたときの大江の心情はいかなるものであったろうか。それを具体的に知りうる貴重な資料が、それから八十余年後の昭和五十六年十一月に、篠村昭二によってはからずも発見された。それは大江が休職後の明治三十三年十二月十八日付で信頼する同志・都田ら三人あてに出した私信(26)である。この手紙は、都田の長女で、画家の森田光達に嫁いだミヨが大切に保管していたものである
篠村が発見したその手紙は次のような内容である。

拝啓　在鳥中ハ永年非常なる御厚誼に預り感謝之外無之候　御承知ノ通の始末にて
御伺も不致遂ニ出発　只々後日再会を期し居り申候　御不沙汰いたし候段不悪御海容
被下度願上候《くだされたく》　去十四日御地出発大原泊　十五日上郡泊　十六日名古屋泊　十七日午
後三時当地到着仕候　道中天気都合宜敷且ハ無事安着仕候間　乍憚《はばかりながら》御安慮被下度願
上候　先ハ不取敢《とりあえず》御礼　旁《かたがた》御報知迄如此ニ御座候　匆々

十八日　　　　　　　　　　　　　　　　　　　　　　　　　　　礒吉

都田様
影井様
上地様

住野君十余年の功績　都田君十年の苦心　学校職員諸氏積年の経営惨憺《さんたん》一朝の水泡

ニ帰し鳥取師範の日々奈落の底ニ落行く状況ハ実に痛心の外無之候　今日ニ於て昔日を追懐すれバ茫として夢の如き感有之候　安達の我利主義　小林の奸佞《かんねい》（注・心がねじれて人にへつらうこと）□の小人輩跋扈《ばっこ》（注・思うままにのさばること）時代中ハ恐らくハ鳥取のDark age（注・暗黒時代）とも命名致すべく候　回天の事業卿等の力に竢《ま》つこと多し

最早憤激し来りて申上ぐべき辞も無之候

後日重ねて愚札呈上可仕《つかまつるべく》候　取急中乱筆御判読願上候

明治三十三年年十一月二十九日付で休職になった大江は、身辺整理などをしたあと、十二月十四日に鳥取を出発した。そして十七日に郷里（長野県下伊那郡伊賀良村下殿岡）に着き、その翌日すぐこの手紙をしたためたものである。

大江は都田らに「御伺も不致遂ニ出発」したことを詫び（十二月）十七日午後郷里に安着した報告をしたあと、「憤激の情おさえ難く」宛名の後に追伸をしたためたのであろう。この追伸の部分にしたためられている「安達の我利主義　小林の奸佞　□の小人輩跋扈時代中ハ恐らくハ鳥取のDark ageとも命名致すべく候」というところに、信頼する同志への私信ゆえに、大江の「憤激」の心情が率直に表白されている。その憤激とは、安達校長とその側近の「小人輩跋扈」する鳥取県教育は「Dark age（暗黒時代）」になるという強い憂いである。ちなみに、手紙の消されている□部分には、杉山外世四郎への非難が書かれていたものと推測される。

大江が安達校長と対峙して休職処分になったのは、日清戦争後の日本の教育が国家主義を強めていくなかで、大江は同志都田らとともにこれに迎合せず、自由主義的な教育の理念を貫こうとしたためであることが、都田らへの私信がいみじくも証している。そしてそれゆえに大江の姿勢は、都田ら具眼の同僚有志に共鳴され敬愛されたのだといえる。さらにいえば、このような大江の姿勢は、「忍と力」の哲学の持続・深化に立ったものなのである。

三　人間として　教育者として

大江磯吉は休職処分になって四カ月後の明治三十四（一九〇一）年三月三十一日付で、兵庫県の柏原《かいばら》中学校の第二代校長として復職任命された。大江の教育者としての見識と力量を鳥取県当局も鳥取県教育界も看過できなかったゆえである。この人事の背景には、県視学官として再び鳥取県に来任していた小早川潔と前・鳥取県師範学校長三橋得三の深い配慮があったと言われている。そして都田忠次郎も大江の復職と同時期に倉吉農学校教諭として復職しており、のちには鳥取高等女学校長ついで倉吉中学校長に任用され、「率先垂範の精神家の校長」として知られたという。

都田忠次郎の追悼文「故　大江礒吉君」

都田忠次郎は、明治二十四年三月に鳥取県尋常師範学校を卒業してすぐ附属小学校訓導に任命され、やがて師範学校助教諭と舎監を兼任した。そして明治二十八年四月に鳥取県尋常師範学校教諭赴任とともに附属小学校主事兼任となった大江のもとで、明治三十三年十一月二十九日の休職処分の日まで志を同じくし行を共にした人である。大江がいかに都田を信頼していたかは、前掲の大江の都田らあての私信がよく証している。大江に親炙《しんしゃ》していたその都田——同時代に同じ職場で六年間同志として過ごした都田の眼がとらえていた〝鳥取の大江像〟がみごとに表白されているのが、都田の「故　大江礒吉君」である。詳しくは後述するが、大江は鳥取県を去った二年後の明治三十五年九月五日に三十四歳余で亡くなる。そのとき三十一歳の都田が大江への深い思いを込めて書いた約四千五百字にのぼる格調高い文語体の追悼文が「故　大江礒吉君」で、『鳥取県教育雑誌』第八十八号（明治三十五年九月二十日発行）に掲載された。その全文を次に引用する。

故　大江礒吉君　都田忠次郎

本月六日、兵庫県立柏原中学校教諭武良清次郎君特報して曰く、今朝大江校長其郷里に於いて逝けりと。

嗚呼吾か敬仰せる大江君終に冥《めい》せる歟《か》。想へば去々月廿三日なりけり、君吾れに書を寄せて曰く。

（上略）過般は小生病気御聞伝へ早速慰問状に預り奉謝候

六月十八日午前二時頃俄然発病盲腸周囲炎兼腸管狭窄症に罹り客月末は危篤の容体に陥り候所姫路病院長並に当地病院長の施療により漸く露命丈は取留申候爾来漸次軽快昨今は歩行する事を得る様に相成申候然る所郷里老親先般来重患にて昨今漸く重体に陥り候模様に付至急帰省の心得

帰校後緩々書面可差出候不取敢御礼迄如此に御座候（下略）

と、然らば君には長途の旅行に再び二豎《にじゅ》（注・病気）を呼びしか、将た慈母の看病に疲れたりしか、さりとても母堂には本復あらせられたりしや。帰校後緩々《ゆるゆる》書面可差出候と嗚呼人生の計るべからざる一に何ぞ此に至る。君享年三十有五、一死固より人間の常事と云ふと雖《いえど》も、而かも前途好望の君に於いて遺恨何ぞ極まらん。

吾れ素と没趣味、情の文を以て君を哭《こく》せんは、吾が能にあらず。吾れは乞ふ智の文を以て君の霊を慰せん哉。

君は曽《かつ》て長野県師範学校教諭たり、大阪府師範学校教諭たり、本県師範学校教諭たりき。而して図らざりき兵庫県立柏原《かいばら》中学校長として、人生の終焉を告げんとは。

君本県に在ること正に六箇年、実に君が事業時代の半世以上を占めぬ。従つて君が事功の過半は、本県に其の余痕を画せり。本県人豈《あ》に永く君の功績を徳とせざらんや。吾れは君を師として事へ、友として交り、主として仕へき。吾れは師弟の関係に於て、交友の関係に於て将た主従の関係に於て、君を知ること最も深し、況や肝胆《かんたん》相照したる君と吾とをや。

君は実に本県に於ける時代精神の注入者なりき。本県の教育界が世運に伴うて遅れざるを致ししは君の功多きに居る。而かも君の思想は甚だ稳健中正なりき。ヘルバルト極盛の時代に於いて、遂にヘルバルトに感服せざりしは君なりき。君がコンペーレの教育論、コンペーレの心理学を拠点として、敢《あ》へて動せざりしは吾れ其の智に服せざるを得ず。

君夙《つと》に「法に拘《かかわ》らず」てふ東洋流の豪放を矯《た》むるに意あり、殊に彼の「教育は精神的なるべし、形式的なるべからず」てふ好標榜の下に教育法規の実行を疎慢に附し去るが如きの弊風を破せんとして、時の子弟に法制の観念を入れ、法規の実行を強ひたるは、吾れ其の明に感せざるを得ず。

加之、君は教育法令の執行が、往々其の精神を誤れるに慊焉《えんえん》（注・あきたりなく思う）たるよりして、自ら法学通論を読み、経済原論を講じ、教育行政法を修め、民法諸制を究めて造詣深く、時の三橋校長と共に明法通を以て称せられ、斯道の当局者さへ、時に君の糾弾を免《まぬが》れざりしは、吾れ其の快を想はざるを得ず。

然かも君は所謂《いわゆる》明法通を以て安んずる者にあらざりき。君の専攻は哲学にてありき。而して哲学研究の基礎が、冥想思惟の上にあらずして、経験科学の上にあることを看取したる君は、博く自然科学を渉猟《しょうりょう》しぬ。殊に数学の如きは、刻苦研精、遂に微積分の門戸を叩き、将に其の堂奥を衝かんとせりしは、吾れ其の健脳に驚かざるを得ず。

君曽て吾れに告げらく、予は数学の全世界を見ることを得たるを快とす。予が数学研究の動因は素と哲学研究の礎地を成すにありしかど、其が最近動機と云ふは、彼の心理学に於ける、「感覚は刺激のロガリズムに比例す」てふ公式（S＝KLOGT）の了解し得ざりしを激せるにありと。

君は斯く自己の未熟に激し、自己の不知に怒るの人なりき。君が晩年独逸語《ドイツ》を研究せりしも、実に教育（ERZIEHUNG）意識（BEWUSSTSEIN）の挿註に忿激してなりき。

君が独逸語の独修を始むるや、吾れには英語の補習を奨めぬ。吾れは乃《すなわ》ち字書を右に、訳書を左に、辛うじてペインターの教育史プライヤーの幼児の心意を誦み了りし頃、君には已に普通の読本、文法書を終り、君の卓上には、ラインの教育学原理ヂッテスの教育学論理学等を見るに至れり。其の敏捷なること概《おおむ》ね此の如し、吾れ顧みて忸怩《じくじ》たらざるを得んや。吾れは余りの不思議さに、先生には少年時代と記憶の強度に異動なきやと問ひけるに、君には些《いささか》の変化を覚えずと語られき。まことに不思議の脳力もあるものかな。

君が独り記憶に於いて非凡なるのみならず、思考推理の能力にも富めりしことは、君が自然科学の研究を遂げたりしによりても知らるべけん。特に論理学の如きは、心理学に次ぎての嗜好学科なりしが如し、其の論理法則を自在に活用する手練に至つては、吾れ欣羨《きんせん》に堪へざるものありき。

君が英語に堪能なりしことは、吾が先輩中殆《ほとん》ど其の匹儔《ひっちう》（注・たぐい）を見ず。君が師範学校教科書として、邦人の著作を取らずして、多くは洋書の翻訳を用ゐたりしもの、一は君に於て原書と対照の便ありければなり。君は曰へりき、紛々たる今の邦人の著作物、之を精読し来れば、其の文意文体、支離滅裂、主義と体様との一貫せるもの絶えてこれあることなし、若《し》かず泰西諸名家の訳書に藉《か》らんにはと。此の故に君は又屢々《しばしば》吾れに訳書の精読を勧められき。

君已に智能に於いて博厚なり、教授に表はれて、豈《あ》に鮮光を放たざらんや。君は敢へて雄弁とにもあらざりき、能弁とにもあらざりき。而かも君の言説は甚だ明快なりき。君が教授の信条は、勉めて教材の要点を摘発せしめ、全体の綱領を総括せしむることにてありき。而して君は巧に問題を提供して此の信条を実行せられぬ。君の問答法は一種の反問法にして、所謂ソクラテス式の口吻に類しき。

君は多くの文を草せざりき。偶々《たまたま》文を成すも私に収めて手記の内に入るるを常とせり。『山陰之教育』を監理するに及んで始めて其の幾分を公表せりしも、多くは実名を表はすことなかりければ、君の文として知れる者甚だ稀なりき。君の文を成すや、先づ脳裡に結構せざれば敢《あ》へて筆下せず、故に曽て稿を経たることなし。其の説をなすや醇々《じゅんじゅん》として老翁の年少に説くが如く、時に警句を放ちて対手の耳朶《じだ》を衝く、其の論をなすや斧鉞《ふえつ》を以て喬木を割くが如く、割かざれば止まざるの概ありき。

君の学、君の文を以てして一著作の遺すべきなきは奇とすべし。吾れは幾度か、之を以て君に慫慂《しょうよう》（注・さそいすすめる）したりしも君は遂に肯《うべな》はざりき。君常に曰へり、著作は四十歳以後の事なり、隠退後の事なり、予は大著作を欲す予は今尚修養時代にありと。其の自重精励大に将来に期するものあること此の如かりき。然れども君に遺稿なしとは云ふべからず。かの君が畢生の精力を傾注せんと期しつる心意観測学は如何にせしか。君はさすがに心理学者なりしなり、君は精神と身体との相関上の理法よりして、大人小児の心意を観測せんことを試みぬ。君が生理解剖学を究めたるも是が為め、幾度か明鏡裡に影を写したるも是が為めなりき。該書の断編は心意観測法として、「山陰之教育」に連載せることありき。読者は之を見て君が研究の梗概を窺《うかが》ひしなるべく、彼の骨相学、観相学の類とは自ら其の撰を異にせるものありしを諒せしならん。

君は夙《つと》に中等学校に於ける教科書編纂の体裁に就いて一双眼を備へりき。君曽て曰く、現今中等教科書として其の体裁の整へるは、数学科教科書を以て上乗とすべし。他学科の教科書亦当に此の体裁に擬せざるべからずと。斯くて君は教授草按として、国文法教科書を編成せられたることありき。今其の体裁内容を詳記するに由なしと雖も、恰《あたか》も現行三土忠造氏の国文典、大槻博士の日本文法教科書に髣髴《ほうふつ》たるものなりき。

君が教授の批評力は、吾れ君の長野県小学校巡回日記を見て其の尋常ならざるを知れるを始とす。而して君と実際に当るに及んで、君が観察の多面にして而かも秩序ある、其の大綱を逸せずして細目を漏らさざる言々句々肯綮《こうけい》（注・物事の急所）に当り、教授者をして釈然たらしむるの妙手は、吾れ其の学び易からざるを感じぬ。当時吾等が幸に教授の批評に与りて妄《みだり》ならざるを得たりしは、一に君の余韻に触れたりと謂《い》はざるべからず。

君は冷静に事の始終を慮《おもんぱか》るの人なりき。熱精に事の成功を期するの人なりき。冷脳、故に事あり軽々に立たず、熱腸《ねっちょう》（注・熱心）、故に事あり敢為《かんい》（注・物事を思いきってする）として進む。君は此の冷脳と熱腸とを以て、時の校長に献替《けんたい》（注・善をすすめ悪を捨てる）の誠を尽し、公に私に師範学校の重きを為せりしにあらずや。

君を熱腸なりと云ふは、猶《なお》一面多情なりと云ふが如し、其の一時君の冷情を謡《うた》ひしは、一犬虚に啼いて万犬其の実を伝へたるのみ。君は同僚知己の為には渾身の熱涙を灑《そそ》ぐの人なりき。君が温情の投薬によりて、一時の急を済《すく》はれたる者、吾れは県下に其の人尠《すくな》からざるを知る。殊に夫れ故立花君の如き、故山本君の如き、若し地下に相見えば、泫然《げんぜん》（注・涙をはらはらとこぼすさま）として君が生前の恩誼《おんぎ》に泣くなるべし。

君は財力の甚しく人の精神界を左右するものたることを云へり。故に自ら蓄財を怠らざると同時に、常に同僚知己に迫りて貯金を促せり。吾が同僚が各郵便貯金通帳を手にしたるは、恐らく君の勧奨に係かるもの多からん。君常に曰く、口腹肥えざれば尾褌《びこん》締まらずと。

而かも君は所謂唯物宗にはあらざりき。拝金宗にはあらざりき。君は能く支途の方法に熟せりき。奢《おご》るべきには大に奢るの人なりき。飲むべきには大に飲むの人なりき。君は安心立命の要枢を、精神界に置くの人なりき。

君は卒業生を遇するの礼を知れり。卒業生に尠からざる愛を割きぬ、卒業生に大なる力を与へき。疇昔《ちゅうせき》（注・先ごろ）幾多の障害を徹し、優勢の魔力に抗して、卒業生に大同団結の実を完うせしめたるは、君が帷幄《いあく》の籌《ちゅう》（注・物事を考えはかること）に頼りたるものの多しと謂はざるべからず。吾れは卒業生近来の光景に見て、感慨転《うた》た深からざるを得ざるなり。

君は心意観測学を立して、而して其が活用にも熟せりき。其の個人意志を視て廋《さが》す所なからしむるの明、其の集合意志を察して機に処するの敏恐るべきものありき。而かも能く一二小人の肺肝を看破すること能はずして、屢《しばしば》小累の躬《み》に招くを致す。嗚呼人を見て事に処する亦難い哉。君は齷齪《あくそく》焉として俗累に羈《つなが》さるるの人にあらざりき。

瀟洒《しょうしゃ》（注・すっきりとしてしゃれている）落々《らくらく》（注・度量が大きく細かいことにこだわらない）別に優長閑雅の天地を有せり。巧に滑稽を弄《ろう》して対手を掀弄《きんろう》（注・高く差し上げてたわむれる）し、好んで詭弁《きべん》を構へて対手を揶揄《やゆ》する所、此の天地の変象か。興に乗ずれば能く狂詩を吟じ、狂歌を詠む。而かも君が当面の趣味は俳諧なりき。俳句には慥《たしか》に名吟もありつらんに、俳友ならざる吾れは君の遺韻を伝ふる能はざるを憾《うら》みとす。

嗚呼君は臨終に際して、如何の態度にか出てたる。兢々として死を怖れたるか、将《は》た従容として眠りたるか。君は曽て有終会（注・鳥取県師範学校卒業生の団体）雑誌上、吾等に県下のソヒスト（注・ギリシャ語の Sophist = 知者）たれと教へき。然らば君の信念も亦ソヒストに在りしか。ソヒストは死を怖れざりき。むしろ死を願ひき。彼等は曰へらく。「人生は苦痛多し、苦痛より吾人を救う者は唯死あるのみ。生者未だ死の苦を知らず、死者已に死の苦を感ずる能はず。死何ぞ恐るるに足らんや」と。而かもこれソヒズムなり。嗚呼君は果して這般《しゃはん》（注・このたび）の理想もて遂に溘焉《こうえん》（注・にわかに）として無何有郷に入れるか。嗚呼哀哉。

吾れ君に就いて語らんと欲するもの多し。而かも情湧き意至りて文足らず。僅に此の編を成す。嗚呼吾れ今にして修辞の素養なきを恨《うら》む。已哉《やんぬるかな》。

追悼文にみる大江磯吉の実像

「君を知ること最も深」く、「肝胆相照らしたる」仲の都田忠次郎の大江磯吉への追悼文は、本書のなかでこれまで述べてきた鳥取県時代の大江の実像を、具体的に証明しさらに補完している。そして知られざる人間大江の素顔もいみじくも明らかにしている貴重な証言である。

大江の教育者としての見識・学識・人格について。――「君は実に本県に於ける時代精神の注入者なりき。本県の教育界が世運に伴うて遅れざるを致しは君の功多きに居る」とし、その一例として次のように述べている。「ヘルバルト極盛の時代に於いて、遂にヘルバルトに感服せざりしは君なりき。君がコンペーレの教育論、コンペーレの心理学を拠点として、敢へて動せざりしは吾れ其の智に服せざるを得ず」。そしてその教育論に拠る先見的な「心意観測法」に立っての独自の教育方法とその実践の適切さにも言及している。大江が長野県尋常師範学校教諭時代に記録した「尋常ならざる『長野県小学校巡回日記』」を鳥取まで持参していることをはじめて明らかにしたのも都田のこの追悼文である。

当時は近代教育制度の草創期ゆえに次々に改正法令が出されている。大江はみずからの教育理念に立ってその執行の是非を糺《ただ》すために、三橋校長とともに「法学通論」「教育行政法」「民法諸制」などを究めている。さらにみずからの教育哲学・心理学の礎地として数学研究にも「刻苦研精」するとともに、欧米の教育学関係の原書はすべて堪能な英語と独習したドイツ語で読み続け、それを当時の鳥取県の教育風土に生かしている。

ついで都田は大江の物事への対処にかかわって、「君の言説は甚だ明快なりき」。「君は冷静に事の始終を慮るの人なりき。熱精に事の成功を期するの人なりき。冷脳、故に事あり軽々に立たず、熱腸、故に事あり敢為として進む」と述べている。大江が安達校長の教育方針に対峙した姿が彷彿《ほうふつ》とする。

知られざる人間大江の素顔について。――大江は蓄財を怠らず同僚にも貯金を促している。これは少年時代の貧しさの体験から、志を貫いていくうえで勤倹の大切さを実感していたゆえであるが、鳥取での大江は決して「拝金宗」ではなく、「支途の方法に熟し」ていて、「奢るべきには大に奢り」「飲むべきには大に飲む」人であったという。

さらに大江は「同僚知己の為には渾身の熱涙を灑《そそ》ぐ人」で、大江の温情によって「急を済《すく》はれた」者は少なくなかったと、都田は二人の故人の実名まで挙げて述べている。そして大江はまた、「卒業生に尠からざる愛を割き」「卒業生に大なる力を与へた」人だと讃えている。——困っている同僚・知己への支援や、教えた生徒への愛も、大江自身の飯田学校上等科児童のときから長野県師範学校生徒のときまでの、貧窮のなかで得た切実な体験によって培われた他者への優しさの反映といえる。

興味ぶかいことはまた次のような大江の素顔である。——大江は「瀟洒《しょうしゃ》落々別に優長閑雅の天地を有」していて、「東園」の俳号をもち趣味で俳句も作っていたこと。そして「滑稽を弄して対手を揶弄《きんろう》し」「興に乗ずれば能く狂詩を吟じ、狂歌を詠」んだということ。そして長野県尋常師範学校教諭時代から大阪府尋常師範学校教諭時代にかけての大江は、受難に対して「忍と力」でたたかう謹直な姿の方がいつも前面にたちはだかっていた。が、かねてから「忍と力」の姿勢とともにその内面にひそめていた優しさ、「瀟洒落々」、ユーモアなどの人間味が、鳥取県での人間関係のなかでおのずと花開いたことが、都田の筆から生き生きと伝わってくる。

このような大江の知性と綯《な》い合わされた感性、冷静さにひそむ熱涙、厳しさのなかの優しさが、大江の魅力となって都田ら同志の心を深くとらえたのだといえる。そしてかかる大江を「知ること最も深かった」都田ゆえに、鳥取県時代の大江の実像をみごとに表現しえたものといえる。
人は自分の志の高さにおいてしか他人の志を理解できないという視座に立てば、都田はこの追悼文「故　大江礒吉君」を通じて、みずからの志をも表現しているわけである。都田がこの追悼文で大江の死を、従容たるソフィスト（知者）の死として結んだのは、むべなるかなである。

ちなみに、大江磯吉の死は明治三十五年九月五日夜七時であり、この訃報を都田忠次郎が受けたのは翌九月六日である。そして追悼文「故　大江礒吉君」の収載された『鳥取県教育雑誌』の発行は九月二十日であるから、この間わずか十五日という短さ。おそらく都田は雑誌の印刷を待ってもらい、九月六日に夜を徹して追悼稿を書きあげたものと考えられる。――なおこの追悼文収載の『鳥取県教育雑誌』第八十八号は、現在鳥取県立図書館に所蔵されている。

V　兵庫県柏原中学校長、三十四歳の死

一　柏原中学校における学校運営

校長として赴任

大江磯吉は、兵庫県氷上《ひかみ》郡立柏原《かいばら》中学校（現・県立柏原高等学校）の第二代校長として明治三十四（一九〇一）年三月三十一日、妻つまを伴って赴任した。三十三歳で奏任官《そうにん》（正八位）年俸九百円の大江校長の赴任は、地元から期待をこめて歓迎された。柏原中学校は、兵庫県の「丹波《たんば》の国」と呼ばれていた山間地域にある柏原町に、明治三十年四月に郡立尋常中学校として新設され、明治三十二年二月の「中学校令改正」により郡立柏原中学校となったもので、大江が校長として赴任したときは創立五年めであった。

それまでの兵庫県内の中学校は、姫路中学、神戸第一中学、豊岡中学の公立三校と、私立の篠山鳳鳴《ほうめい》義塾一校のみだった。したがって設立が待望されていた郡立柏原中学校には山間地とはいえ向学の志をいだいた生徒が集まってきていた。初代校長土井亀之進は、二宮尊徳の生き方を基本にすえた報徳思想と尚武の精神に立ったきびしい規則で生徒の行動を律した。これは「丹波の人のもつ〝質実剛健〟の気風」と通ずるところもあり、「日常茶飯事的に横行していた上級生の鉄拳制裁も、武人の素養として黙殺した」(荒木謙)(27)という。

赴任した二代め校長大江は、この柏原中学校の校風を、みずからの教育体験と教育理念に立って、生徒の個性を大切にする自由な校風に改革することこそが念願であった。これは鳥取県師範学校教諭時代の教育理念とその実践の延長線につながるものである。

みずからの教育理念に立った校風改革

大江校長が赴任早々に取り組んだことは、柏原中学校を郡立から県立に移管することであった。当時の柏原中学校では、毎年百人前後入学しながら、卒業までに半数近くが退学していたのは、経済的理由が主であった。大江校長は県当局に強く要望して、赴任した明治三十四年四月末日に県立移管を実現したことにより、生徒の「授業料はいままでのほぼ半額の二円三十銭となり、次年度からは一円となった」。大江校長はさらに「寄宿舎の経費を補助させ、教員俸給の増額も認めさせた。七月には校舎東側の隣接地千五百坪を購入して運動場の拡張をはかった」(『私立兵庫県教育会雑誌』第百四号に拠る)。

ついで大江校長は、明治三十四年三月五日に制定された「中学校令施行規則」に準拠しながら、みずからの教育理念に立って特色ある教育課程を編成した。そしてこの教育課程を実践するにふさわしい学識のある教員人事を行った。すなわち「昭和三十四年七月に物理化学の教諭として大分県立大分中学校から阿部判三郎（京都帝国大学卒業、三十五歳）を、十月には英語兼歴史の教諭として滋野恵音（二十六歳）を長野県立長野中学校から招いた。阿部には自分と同額の年俸を、滋野には教諭としての最高額（月俸五十円）を準備しての招聘《しょうへい》であった。さらに明治三十五年には数学の教諭に武良清次郎、地理・歴史の助教諭に真山節蔵を迎え入れた。この二人とも大江の鳥取県尋常師範学校での教え子である」（荒木謙）(28)。

大江はまたみずからの教育理念に立って、生徒の自主性を培うため自治会活動や部活動を大いに奨励した。「柏原中学校沿革史」等に拠れば、「それまであった演説部や図書部、端艇（ボート）部や武道部に加えて、英語弁論部・物理部・化学部・軟式テニス部・ベースボール部（野球部）を認め、寄宿舎『成徳館』の運営も生徒の自主管理にまかせた」という。

都田忠次郎への私信

大江磯吉は、鳥取県師範学校教諭を休職処分になってから一年め、柏原中学校長に復職赴任してから七カ月余り経った明治三十四年十一月十二日付で、鳥取県師範学校時代の同志・都田《みやこだ》忠次郎に次のような私信を出している（この手紙も篠村昭二が、都田の娘・森田ミヨ宅から、前章掲出の休職直後に大江が都田ら三人あてにしたためた手紙と同時に発掘したもの）。

拝啓　秋ハ深く相成申候　大山ニも初雪降り候よし　御地之気候も推察致され候不相変元気ニ被為渡事と御察申居候　回顧須れバ一年之昔　十一月中旬ニハ鳥取師範ニ於て大騒動を惹起し当る時なりしなり　忘れもやらぬ十一月廿九日ハ休職之県命ニ接し多る日なりしなり　最早此以上を語るを欲せ須　只住野氏適当之位置なきハ実に遺憾之事共なり　小生も先般来苦慮に苦慮を重ね居り候　大兄ニ於ても御懸慮之程希望之至ニ御座候　安達大明神ニハ不相変鳥取ニ鎮座ましまし鳥取教育之為大慶至極之事と御祝申上候　県会も近寄り申候　此間多少之消息ハ有之候哉伺度候

当時当校ニてハ職員充足致し　教員拾六名　書記弐名　撃剣教師壱名　学校医壱名

是ニ小生を加へて廿壱名ニ御座候　過般学校諸規則も一新改致し申候　乍然《しかしながら》安達大明神的之変革ハ不致《いたさず》至極平穏無事ニ経過致候　赴任後僅ニ半歳を経過し多るに過ぎざれバ無論といはゞ云ふべきなれども　学校内部の静謐《せいひつ》にして職員各其職務ニ鞅掌《おうしょう》（注・いそがしく働いて自得している）須るハ全国希ニ見る処と自慢致居候

鳥取師範之杉山氏ハ如何致し居るにや　禿頭ニして屈須何時伸びん心得ニや不審之至ニ御座候　小林多賀蔵□木□二之消息更ニ聞か須一度御洩し被下度候　影井市蔵氏八上校長と相成候よし同氏之為慶賀可到事と存居候

鳥取地方裁判所判官連と県庁官吏との行違今来之快挙　知事検事正之上京御苦労千万之次第ニ御座候

鳥取茶話会派と親和会派之軋轢《あつれき》何の事も無之候　児戯も極端之児戯ニハ候ハずや

小早川視学官ハ謡曲ニ上達之様子ニ御座候哉　同氏之評判近来如何　御洩し之程願上候　奥様ニ宜敷御伝声被成下度候　去年十一月以後本年四月ニ至る満四ヶ月ニ亙る間之不愉快定免し寝物語ニ出づる事ならんと御察申居候　又荆妻よりも宜敷と申出候

憚《はばか》り乍《なが》ら御無沙汰ニ打過しまゝ一筆　草々敬具

十一月十二日　　大江礒吉

都田君　座右

この手紙は大江が柏原中学校長に赴任して七カ月余り経って、前述のようにみずからの志す学校運営も軌道に乗ってきたところで、心を許す都田あてにしたためたものゆえ、休職後の大江の心情と近況が冷静に率直に書かれている。一緒に休職になった住野仙蔵助教諭だけがいまだに復職していないことに心を痛め、「苦慮に苦慮を重ね」ている。そして柏原中学校では「学校諸規則も一新改」し、二十一名の同僚が「各其職務ニ鞅掌」している近況を知らせるなかで、「乍然安達大明神的之変革ハ不致」と言及している。大江の優しい思いやりときびしい精神が、いみじくも吐露《とろ》されている。

当時の生徒の証言

柏原中学校長としての大江の教育改革とその姿勢については、当時の生徒の貴重な証言がある。青木孝寿が、柏原中学校二回生（明治三十一年四月入学、同三十五年三月卒業）の今川武一郎に懇請して得た昭和四十九年二月二十六日付の次の私信(29)である。時に今川九十一歳。

（前略）吾々第二回生は明治卅一年四月入学せり（寄宿舎に入舎す）、初代校長土井亀之進先生は二宮尊徳崇拝の謹厳の方にて、質実剛健の校風を立てられたり。当時生徒は「反省録」と言う一冊子に日々の行動を反省して項目別に記し、週末担任教諭の検閲を受け平素の行動を自制せしめられたり。且つ寄宿舎生は、旧軍人のラッパ卒の門衛よりのラッパの合図により、起床、授業開始、終了、昼食、消燈、就寝等規制せられ、初めて親元を離れたるものは誠に別世界の生活態様を経験せり。

然るに二代校長大江先生は温容にして、文学的蘊蓄《うんちく》は知窺《ちき》（注・うかがい知る）し得ざりしも、不言篤行の仁と思はれたり。「反省録」は何時となく廃止せられ、又吾々は最早四、五年生にて上級生の掣肘《せいちゅう》（注・人のことに干渉して妨げること）もなく寄宿舎を出て下宿し、次の進学に就て各自研修努力せり。土井校長時代とは対照的に自由に行動し（但し喫煙は厳禁なり）、中学生時代の青春を最もエンジョイせし想出が今尚蘇《よみが》へります。（後略）

この今川武一郎の心に刻まれている回想から、大江校長の「温容」で「不言篤行」の人柄と、その教育方針によって土井校長時代の「反省録」が廃止され上級生の掣肘（鉄拳制が伝わってくる。
裁など）もなくなり、「自由に行動し、中学生時代の青春を最もエンジョイ」できたこと

「学友会」の創設

大江校長のめざしていた新しい校風づくり＝生徒の自主的・自律的活動のなかで、大江が特に力を注いでいたのは「学友会」の創設であった。これについて荒木謙は明治三十六年六月刊の柏原中学校『学友会誌』第一号などに拠り、次のように説明している(30)。

「その目的は『同窓学友ノ交誼ヲ親密ニシ、品性知能ノ修養並ニ身体ノ健強ヲ図ル』ことにあった。そのための機関紙の定期発行も計画した。教頭格の高田教諭と滋野教諭に具体的な検討を依頼する一方で、自分自身で生徒たちと再三協議するという熱心さであった。／その組織は、生徒自治部、演説部、武道部、運動部、遊戯部（寄宿舎部）などを統括して一体化したもので、現在でいう生徒会活動に同窓生も参加するというものである。／年間の事業計画としては、機関紙の発行（年一回）、雑誌の発行（年二回）、演説談話会、武術運動会、図書購買等が予定された。運営組織としては庶

務部、会計部、雑誌部、演説部、武術部、運動部、図書部をおき、会長は学校長が、副会長および部長は教員が当たり、各委員会は生徒代表が運営するというものである」。

「学友会」の会長を学校長が兼ね、部長は教員が兼ねるという組織は、今日の生徒会の組織からみれば、学校が管理した「学友会」に映ることと思う。しかし今からおおよそ百年前の明治期、学校教育に対する国家権力の呪縛が強まってきた時代状況のなかで、生徒の自主性を培うための「学友会」を、学校長が職員・生徒と協議して作ろうという発想は、当時としてはまことに新鮮で先進的だったといえる。大江校長の自由主義的教育理念と生徒への人間愛、その知性と勇気は、まさに前章に掲出の都田忠次郎の追悼文が証しているとおりである。

二　大江磯吉の死をめぐって

大江磯吉は、明治三十五（一九〇二）年五月中旬に東京で開かれた全国中学校長会の会議に出席した。この会議滞在中に大江は、かつて長野県尋常師範学校教諭時代の先輩（首席教諭）で当時香川県師範学校長に転じていた正木直太郎が、教科書事件にかかわる冤罪《えんざい》で入獄していることを知った。このころ文部省は、小学校教科書の審査採択をめぐる不正事件頻発に対処するために小学校令施行規則を改正し、取り締まりの強化に乗り出していた。たまたま正木はこの教科書審査採択をめぐる収賄事件への連座を疑われて、思いがけない入獄の羽目になった。大江は、「知己」正木の冤罪を晴らすために会議の合間を縫って、在京の長野県師範学校卒業生らの中心になって奔走し、正木は無罪になった。大江がこのように熱意を込めて奔走したのは、「知己」正木の冤罪を無視できないという正義感から出たものであるが、またこの冤罪を晴らすことができえたのは、既掲の「故　大江礒吉君」で都田が述べているように、大江が鳥取県師範学校教諭時代に「民法諸制を究めて造詣深」かったゆえでもあった。

母の重病の知らせ

全国中学校長会議から帰校して間もない大江のもとに、郷里の友人矢沢庄次郎から、母志のの重病を知らせる手紙が届いた。大江は直ちに矢沢へ次のような返信をしたためて投函した。

拝啓　向暑之砌《みぎり》高堂皆々様御清栄奉慶賀候
本月六日御投寄成被下居候芳書同九日到着拝見仕候　詳細御通知御慰問ニ預り御厚情之段千万奉拝謝候　拙母病気ニ付てハ一層御厄介御配慮を仰ぐ事と奉恐察居候　重病之事ニハ有之候へども及ぶ限りハ手をつくし申度　甚《はなはだ》恐入居候へども尚々此上とも御配慮相仰度切ニ御依頼申上居候　養生法等ニつきてハ既ニ拙宅ニ懇ニ申送り居候へども十分の事出来居候やそれのミ案じ居候　養生法等ニつき時々御注意上成下候ハバ大幸之仕合ニ御座候　尚々病症不良ニ赴き居候ハバ御一報相煩度願上候　私事当方ニて都合付次第帰国可仕心得ニ付七月ニも相成候ハバ其運ニ可相成と存候　然し病症不

良ニ相成候ハバ特ニ知事の許可を得て帰国之心得ニ付伏《ふして》廉宜舗《なおよろしく》御願申上候
不取敢《とりあえず》御礼旁々御依頼迄如此ニ御座候　草々拝具

六月九日　　　　　　大江礒吉

矢澤庄次郎様　侍史

大江は矢沢庄次郎への手紙のなかで、矢沢の厚情へのお礼とこんごの配慮を依頼するとともに、母の重病については「及ぶ限り八手をつくし申度」「養生法等ニつきては既ニ拙宅ニ懇ニ申送り居候」と述べている。おそらく母の医療費などを持たせてすでに妻のつまを帰郷させたものと推測される。しかし大江自身は、「私事当方ニて都合付次第帰国可仕心得ニ付七月ニも相成候ハバ其運ニ可相成と存候」と言っている。「都合」とは、七月に予定されている念願の「学友会」の発足のことである。大江の心のなかは、重病の母のもとに早く駆けつけたい思いと、近づいてきた「学友会」発足を予定どおり成功させたい思いとが綯《な》い合わされていて、憂喜こもごもだったことと思う。

突然の入院

矢沢あての手紙を出した直後の六月十八日午前二時ごろ、大江自身が突然「盲腸周囲炎兼腸管狭窄《きょうさく》症」を発病する。大江の長野県尋常師範学校在学中の身体検査表によれば、「体格—甲種、体質—強壮、身長五尺二寸三分（百五十八センチ）、胸囲二尺五寸四分一厘（七十七センチ）、体重十三貫九百匁（約五十二キロ）、視力—異常無」で、その後も病気をしたことがなく強健であった。その大江が突然発病したのは、心身の疲労が原因で盲腸周囲炎となり、それが腸管狭窄症を引き起こしたものであろう。

入院した地元の柏原病院では、治療法がよくわからないままに、六月末に大江は危篤《きとく》に陥る。看護に当たっていた柏原中学校の関係者は症状の急変におどろき、兵庫県当局に至急電報で知らせた。県の要請で駆けつけた姫路病院の医師と地元医師団による治療と、柏原中学校職員・生徒あげての看護の尽力で、大江は危機を脱することができ、次第に快方に向かい約一カ月後には歩けるまでに回復した。大江はやつれた体を養いながら七月二十一日の「学友会」の発会式を済ませた。

そして念願の「学友会」発会式を終えた翌七月二十二日に、まだ体力が回復していないにもかかわらず心せくままに郷里の母のもとへ出発した。帰郷直前に大江は都田忠次郎あてに、みずからの発病とその後の状況および重体の老母のもとへ急ぎ帰省する旨の手紙を出している（この手紙の主要部分は、前章に掲出の都田の「故　大江礒吉君」の冒頭に収録されている）。

伊賀良村へ帰省

帰省を急ぐ大江礒吉は、体力がまだ回復していないことと、早く母のもとに帰着したい願いから、旅程が短くて安全な行路を選んだ。

当時の交通事情と街道状況からみて、私は次のような行路をたどったと考えている。

――七月二十二日朝、開通間もない阪鶴鉄道（現・福知山線）に乗って大阪へ出、大阪から東海道線に乗り換えて名古屋へ。同夜名古屋で泊まり、翌二十三日に名古屋発の中央線で岐阜県多治見に着いた（中央線は明治三十三年七月に名古屋駅から多治見駅まで開通していた）。多治見駅で下車し、中山道《なかせんどう》の宿場として栄えた岐阜県中津川まで乗合馬車を利用した。これから先の中山道は馬車も通えないが、江戸時代から幹線街道として人馬の往来が多かったゆえにまだ馬があり、休憩できる宿場も残っていた。大江は中津川で休憩しここで伝馬《てんま》（注・江戸時代に街道の宿場にあって貨客を運んだ馬と人足）を探して雇い、馬に乗って木曽へ入り中山道の馬籠峠を越えて、妻籠の少し手前の橋場から、中山道と伊那路とつなぐ清内路峠を通って郷里伊賀良村に着いた。清内路峠は、大平峠とともに江戸時代から明治中期にかけて伊那地方から中山道へ往還する人馬が多かった。なお明治三十三年十二月に大江が休職による帰郷の際も、名古屋から中央線で多治見に出、そこから歩いて中山道・清内路峠を通っている。

大江は、柏原町を出て二日めの七月二十三日の夕刻に伊賀良村の村境にさしかかると、ここで馬から降りた。そして人足に駄賃を払って帰し、みずからは「洋服と靴を脱いで振り分け荷物とし、股引《ももひき》、半纏《はんてん》、手甲《てっこう》、脚絆《きゃはん》に着替え、草鞋《わらじ》を穿《は》いて自村（下殿岡）に入り、自宅へ帰るよりさきに、母が平素世話になっている隣家の矢沢庄次郎（尚天堂）、矢沢亀次郎（屋号「井端」）の宅へ立ち寄り、留守中の礼を述べ」（水野都沚生）(31)てから、急いで病む母志ののもとにかけ寄った。

大江が村境で服装を着替えたのは、このときばかりではなく、長野県尋常師範学校教諭という「立派な教育者になってからも、家郷に帰るおりは、必ず村境で」服装を着替え、「母が平素世話になっている」尚天堂や磯吉の父母が属していた六軒組の一軒・井端の家などへ寄って「留守中の礼を述べ」、また任地へ出かける時にも「帰村した時と同じ服装で挨拶し、村を出てから教員の服装に着替えた」という。このことは、小林郊人も水野都沚生(32)も、伊賀良村下殿岡の古老からの伝承聞き取りとして述べている。また井端の矢沢亀次郎の長男・矢沢明人（明治二十五年生まれ）も目撃証言として述べている。

「村境での着替え」について

大江磯吉のこの「村境での着替え」については違和感をもつものもいる。なぜならば大江は、大阪府尋常師範学校教諭時代に身におそいかかる偏見・差別とたたかうなかで「忍と力」の精神をさらに鍛え深めた。また鳥取県師範学校教諭時代には、その学識と力量によって「時代精神の注入者」として教育界から敬愛され、そして安達校長の「我利主義」の教育方針に毅然として対峙して休職処分になるほどに、みずからの自由主義的教育理念を貫いた人である。その大江が帰郷する際はいつも村境であえて村人と同じ粗末な服装に着替え、任地へ発つときも村境を出てから教員の洋服に着替えたのは、みずからの「忍と力」の精神に悖《もと》るのではないかという違和感である。

このことについて私は、次のように考えている。大江は郷里を離れた教育現場では、「忍と力」の精神、つまり学識と実践力を培うことで「素性」への偏見・差別とたたかい、そのたたかいのなかでさらに人間にとっての天賦の自由への認識を深めた。しかしこれは、大江自身の教育界における生き方の問題であった。その生き方に共鳴する同志（教員・生徒）もいた。が、大江の生き方が通用するのはその人間関係のなかだけであった。大江自身とその同志の埒外《らちがい》の明治期の社会には、いぜんとして封建遺制としての「部落差別」が温存されていた（既述のように、大阪府尋常師範学校教諭時代には、生徒が長野県へ大江の身元調べにきて、排斥の火の手をあげたことがその実例である）。このことは郷里伊賀良村下殿岡でも同じであった。

既述のように郷里の村には、国学者の矢沢理や近代医学を学んだ開業医矢沢梅太郎など地主層の知識人がおり、大江の「素性」をよく知ったうえで大江の向学の志を理解し支援してくれた。そしてこれら村の少数の指導的立場の有力者が、大江を支援してくれたことから、村民たちも大江一家を差別しなかったのである。村民全体に被差別部落の住民への正しい理解があったわけではないのである。一般村民の意識の底にはいぜんとして「素性」への偏見は潜在していたと思う（大江が、飯田小学校助教に採用されたとき、児童の保護者からの非難により一年間で解職されたことなどが、その実例である）。

そしてそういう時代状況ゆえに、大江が高等師範学校を卒業し尋常師範学校の教諭という「立派な教育者」になったからといって、村民の心に潜在している「素性」が消失するわけではないのである。師範学校教諭や中学校長の服装で帰郷すればかえって貧しい小作農民層などの反発を買うおそれもあったのである。そして母は、こういう村のなかで「素性」を知られたまま生活し続けていたのである。

それゆえ大江が、帰郷するときは必ず村境で服装を着替えて村内に入り、まず母が世話になっている人びとに挨拶したことは、村民に対してあくまで昔と少しも変わらぬ磯吉であり続けることの証《あかし》であった。そのことによって村の知友たちとの連帯感を保つことに努めたのであるといえよう。これは妥協や迎合ではなく、みずからが生まれ育った明治期の村民たちの部落問題への深層意識をよく考察したうえでの、思慮深い対応の方法であったといえる。さらにいえばこの対応の方法は、「忍と力」の精神の深みに立ち、状況に即した柔軟なたたかいの方法であったといえよう。

そして磯吉のこのような対応によって、「素性」を知られたままわびしく村に住みつづける母を護ることにもなったのである。

母に先立つ

かねて病床にあった母志のが重症になったのは、乳癌《にゅうがん》が胃や肺などに転移したためだった。帰省した大江はひたむきに老母の看病を続けた。病みあがりの体での急ぎの長旅と献身的な看護が重なって体の衰弱していた大江は、そのころ飯田町を中心に周辺の村々に蔓《まん》延《えん》していた腸チフスに感染し、病母と枕を並べるようになってしまった。その時期は『尚天堂日誌』に次のように記されている。「(卅五年) 八月廿日　晴　大江磯吉病発ス」。帰郷してから二十九日めである。

やがて大江は重症に陥り、感染発病してから十七日めの明治三十五(一九〇二)年九月五日に、病母に先立って亡くなった。享年三十四歳三カ月余。その時の模様を、水野都沚生は次のように述べている(33)(『尚天堂日誌』には、そのときの記述部分が失われている)。

当時、郡下の名医と云われた関淳逸も、磯吉が数少ない高等官である点を重視して郡役所経由県当局に手続きを採り、しかるべき医師の派遣を申請した。県は要請に応じて、長野日赤から医師二人を急派した。当時数少なかった日赤の看護婦岩松ぎんも特派されてつききっていた。しかし天はかすに齢《よわい》をもってせず、九月五日午後七時、病母に先立って他界したのである。彼は死に臨んで、母に先立つことを痛く悲しんだと、ぎんが語ったという。

有為の現職高等官の葬儀は、郡長、中女学校長、他多数名士参列の下に盛大に執行されたが、病床にあった母の願いで、棺《ひつぎ》は大礼服に覆《おお》われて最後を飾ったという。この時老母は、せめて生前村の人々に礼服を着た姿を見て貰いたかったと嘆いたとも、ぎんは語っている。

柏原中学校生徒の追悼文

大江磯吉の早い死は、心ある人びとに深く哀惜された。その最も深い哀悼は、前章に掲出の都田忠次郎の「故　大江礒吉君」である。そして明治三十六年六月創刊の柏原中学校の『学友会誌』第一号には、生徒代表の書いた次のような追悼文が掲載された。

故　大江校長を悼む

寛厚、大度の誉高かりし前校長大江礒吉氏は、病魔の侵すところとなり、昨年九月五日をもて果《はて》、敢《あえ》なくも黄泉《よみ》の客となり給ひぬ。生等が悲痛何にか喩《たと》へん。師は去年七月病余の身を起して本会の発会式を挙げられしに、未だ本誌の発刊をだに見ずして、敢なくも葉末の露と消え失せらる。悼《いた》ま志いかな。温容吾等が目にあれど、慈言生等が耳に残れど、師は已《すで》に白玉楼《はくぎょくろう》（注・文人墨客が死後に行くという宮殿）中の人、今は、只《ただ》其の真影に対して、過ぎし昔を忍ばんのみ。嗚呼《ああ》。

「学友会」は既述のように大江が深く心を込めたものである。そして大江は「学友会」発会式を見届けた翌日に、病母の看護のために郷里へ発ったが、再び帰校せずに「黄泉《よみ》の客」となってしまった。それゆえ柏原中学校長としての大江の力を尽くした先進的な「学友会」は遺業となってしまった。その『学友会誌』第一号への生徒代表による追悼文は、亡き大江への何よりの鎮魂歌《レクイエム》である。追悼文は明治期の生徒らしい美文調の文語体であるが、「温容吾等が目にあれど、慈言生等が耳に残れど」という大江校長への献辞は、在りし日の大江の人柄のおのずからなる反映であるといえる。

柏原中学校では亡き大江校長のために三日間の喪に服した。そして兵庫県は、柏原中学校長としての大江の功績に対して、宮内省に「正七位」の叙勲を申請するとともに、千二百円の報奨金を遺族に贈った。

墓碑

病床から息子磯吉の棺を大礼服で覆うよう懇請した母志のは、磯吉の死から三カ月余り後の同年十二月七日に、六十五歳で亡くなった。

大江磯吉に「謙譲院秀法智戈居士《けんじょういんしゅうほうちさいこじ》」の戒名を付けたのは、圓通寺住職である。そして翌明治三十六年八月に、下殿岡の共同墓地にある大江家墓地に「従七位大江磯吉之墓」と刻んだ約五尺（一・五メートル余）の墓碑が建てられた。碑陰には、星野三郎撰文・揮毫《きごう》による二百余字の漢文体の「大江東園先生」が刻まれている。

下殿岡村民の墓地は、村内の本家ごとにその敷地内に本家・分家一族の墓が分散していたが、村で協議のうえ、明治二十二年ごろに約千五百坪（約五〇アール）の広い「下殿岡共同墓地」を造成して、分散していた家ごとの墓をここに集めた。そのとき村内の家ごとに埋葬権のある墓地区画は抽選によって決められた。そして大江家にも平等に割り当てられていた墓地区画に、磯吉の墓碑が建てられたのであった。長い間一族《まき》ごとに分散していた祖先伝来の墓を共同墓地に移動させること自体が容易なことではなかったうえ、共同墓地内の家ごとの墓地区画を大江家も含めて抽選で決めたということは、墓地の片隅や外に差別戒名の刻まれた小さな墓石が建てられた千曲川流域の状況と較べてみて、明治期としては異色のことであった。これは、矢沢礼三・矢沢庄次郎・矢沢亀次郎ら村の指導的立場の人びとが開明的であったために遂行できたことであった。そしてまた大江磯吉の村人に対する謙虚で誠実な態度が、村の有力者をおのずと触発したためでもあった。

大江磯吉の墓碑建立費、「戒名」布施、撰文・揮毫謝礼金などの経費は、喪主の大江つまがすべて拠出したと言われている。生前の大江は質素な生活をして貯蓄に心がけており、かつ柏原中学校長として高額の俸給を得ており、死後には報奨金も受けた。つまは亡き夫・磯吉への鎮魂のために、みずからの強い意志でその金を割いて充てたものであった。そして撰文を刻んだ墓碑の様式も、つまの意向と村の有志の願いが重なったものといえる。

「従七位大江磯吉之墓」の碑陰に刻まれている漢文体の撰文の原文は次のとおりである。

大江東園先生碑陰

先生姓大江字子廉號東園通稱磯吉下伊那郡伊賀良村人亡父周八母佐々木氏先生其第二子也明治戊申《ママ(1)》五月生為人謹厚方正毎事不拘自幼好學七歳始入飯田黌卒業進自中學校入

長野縣師範學校克苦勵精擢入高等師範學校業既終出爲長野縣師範學校教諭明治二十八年四月任鳥取縣師範學校教諭三十三年九月叙正八位任兵庫縣柏原中學校長三十四年十一月叙従七位三十五年八月會母病請暇而歸郷晨夕看護事久甚愼而先生亦自罹病九月五日溘焉逝矣實母先死三十餘日《ママ(2)》　享年三十有五也

明治三十六年八月　星野三郎撰

ママ（1）　大江磯吉の生誕は慶応四年（明治元年）ゆえ、「戊申」は「戊辰」の誤記。

ママ（2）　「實母先死三十餘日」とあるが、除籍簿には「明治三十五年十二月七日」と記載されているので、「三箇月餘」の誤記。

碑陰の撰文は、墓碑正面に向かって左側面から裏面にかけて刻まれており、右側面に戒名が刻まれている。が、現在表面は風化していて撰文が読みにくいのは、すでに百十余年の歳月を経過しているからである。碑陰の撰文は風化しているが、撰文に込められている百年近く前に亡くなった大江磯吉の先駆的な軌跡は、現在の人々の心に鮮《あざ》やかに甦《よみがえ》る。

大江つまはその後、東京市王子区稲付西町二〇丁目一五番地の借家の二階で「お針の師匠」をしながらつつましい生涯を送った。亡夫磯吉の霊を弔いながら。そして磯吉没後三十六年めの昭和十二年四月九日に六十六歳で亡くなった。晩年に同居していた実弟の神谷庄之助は、亡姉つまの生前の遺言に従って、その遺骨を下殿岡共同墓地の大江磯吉之墓に葬《ほうむ》った。碑陰の撰文末尾に「昭和十二年四月九日没　磯吉妻大江つま」と刻まれ、碑陰右側面の磯吉の戒名に並べて「温厚院順法明信大姉《おんこういんじゅんほうみょうしんだいし》」と刻まれている。

墓碑揮毫者の星野三郎

伊賀良村の矢沢庄次郎らの依頼により大江磯吉の撰文をしたため揮毫もした星野三郎は、大江とどのようなかかわりがあった人なのだろうか。はからずも借覧できた星野の長男・辰男の遺稿集『風蝶花』(34)により、星野のことを知ることができた。

星野三郎は嘉永四（一八五一）年に能登国（石川県）鳳至《ふげし》郡諸岡《もろおか》村に生まれ、明治維新後に志を立てて上京し、諸家の書生として働きながら修学。四谷に住んでいた士族松田某の娘・よねと結婚した。その後長野県出身の政治家と知り合い、その縁で明治十九年六月ごろ飯田町に来住し、地域の有力者たちと親しく交際した。やがて地方新聞発行をめざして印刷所を開いたところ評判がよく、注文が殺到して星野印刷所は飯田町最大の印刷所となり、後には「南信新聞」の経営も引き受けるようになる。

星野は身長五尺ほどで隻眼だったが、炯々《けいけい》たる眼光と堂々たる押し出しはなかなかの風《ふう》采《さい》があったという。これは、若い時に習った剣道と柔道の腕前が相当だったということと、榎本武揚《えのもとたけあき》や品川弥二郎らと親交があり、政治についての見識が高く儒学にも秀でていたためといえる。それゆえ町政にも在野でかかわった。たとえば親元を離れて飯田町に来ている中学生のために「実行会館」を作ることになった際、星野は建築費用の半ば以上を寄付し、みずから会館の監督にも当たったたという。

星野は大正三年二月に家族とともに上京し、同年七月に六十三歳で亡くなったが、明治十九年から大正二年までの二十八年間を飯田町民として野に在って地域の政治や文化のために尽くしたのであった。ちなみに星野三郎・よね夫妻には一男・五女があったが、四女ますは、明治四十年三月に郡立下伊那高等女学校を卒業し、准訓導として会地《あうち》小学校に二年勤め、明治四十三年四月には自分の卒業した飯田尋常高等小学校に転任した。このとき長野県師範学校新卒の訓導として同校に赴任してきた西尾実《みのる》（下伊那郡豊村和合＝現・阿南町生まれ、後の初代国立国語研究所長）と出会い、西尾が大正元年十月に東京帝国大学選科国文科に入学したころには結婚している。したがって星野は西尾の義父であり、西尾は大江の学んだ長野県師範学校の後輩ということになる。

星野の経歴をたどってみると、大江と直接交わったことはないが、飯田町に在住していて地域の文化に尽くした見識ある人だったゆえ、大江のことも聞き知っており、その生涯に感銘しその死を哀惜した一人であったといえる。その心事は、「會母病請暇而歸郷晨夕看護事久甚愼而先生亦自罹病九月五日溘焉逝矣實母先死三十餘日　享年三十有五也」という撰文の結びに、簡潔にして簡抜に込められている。

三　大江磯吉の生涯から学ぶもの

組織的な部落解放運動＝水平社運動がわき起こるよりはるか前、知識人さえ誤った「部落」観におかされていた明治期に、大江磯吉はたび重なる受難のなかで敗退せず、「忍と力」の精神で駆け抜けたその三十四年余の先駆的生涯は、今日の私たちの心を深く撃《う》つ。

大江が受難のなかでみずから培い深めた哲学は、「飽くまで忍べ、力はすべてを解決する」であった。この精神は、「差別を乗り越えて生きるには学問こそ必要だ」という父周八の励ましにみずからの志を重ねて、少年時代から培い鍛えてきたものであった。勉強こそが大江にとっての「たたかい」だったのである。

「忍と力」の哲学は、差別を克服する力を冷静に内面に蓄えることを意味していた。大江のこの思想は行動の条件としてみずから培い続けたものであった。大江が困窮のなかを刻苦して旧制中学校から高等師範学校まで学び常に優秀であったのは、その力を培うためであった。それゆえ大江にとっての学問とは、学歴偏重に毒された今日の受験的知識・学力とは異質なものであった。差別とたたかうためのみずからの力となる学問であり、みずからの精神の糧《かて》となる学問であった。いま私たちが〝大江磯吉から学ぶ〟べきは、時代にふさわしいたたかい方を貫いたその強い精神である。そして大江がみずからの行動の条件として培い続けた「忍と力」の思想は、今日の私たちにとってもおのがじし学ぶべきものをひそめている。

大江の生涯をたどっていくと、困窮のとき受難のときに、大江の向学の志を理解し支援してくれた人がいた。そして大江の先進的な学識と実践に深く共鳴してくれた同志がいた。――郷里・下殿岡村（のちの伊賀良村下殿岡）の矢沢梅太郎・庄次郎兄弟、矢沢礼三、矢沢亀次郎、矢沢市三郎ら村の指導的立場の人たち。長野県中学校飯田支校生のときの教師武信由太郎と大田幹。長野県尋常師範学校長浅岡一。長野県尋常師範学校教諭時代の大江に教えを受けた与良松三郎と伴野文太郎。そして鳥取県尋常師範学校の小早川潔校長と附属小学校訓導の都田忠次郎など。これらの人びとは、「部落差別」を温存しようとする社会体制を問題にしようとしない時代状況のなかで、それぞれのしかたで大江を支持し励まし親炙《しんしゃ》した。これらの人びとも明治期ゆえに部落問題を歴史科学的に知り得ていたわけではなかったにもかかわらず、大江を差別せず大江の志を理解する志の高さをもっていたのはなぜか。それはそれぞれに豊かな見識と広い度量をひそめていたゆえである。そして大江自身の「忍と力」の精神を深め持続している姿勢が、これらの人びとの心をとらえたゆえでもある。

歴史におけるひとつの時代状況のなかで、真の知識人とは何か、人間の生きる価値とは何かを、これらの人びとから改めて触発される。大江を理解した人はごく限られているが質的には重い。日本の歴史は、大江とこれに交響した人びとのような限られた少数の良心によって、見えにくい底辺で支えられてきたのだと思う。

今日の情報の氾濫する社会、大衆消費社会状況のなかで、それに流されず迎合せずに個人の志や理念に忠実に生きようとするにはさまざまな困難が伴う。そしてその困難に抗してみずからを貫いていけば中傷や誤解も生ずる。しかしこの社会のどこかで、ほんものの志を見ている人、見抜いて手をさしのべてくれる人が必ずいることを、大江の志と生き方に交響した人びとの存在した事実から知ることができ、勇気づけられる。

大江が明治七年に六歳で知止小校に入学してから柏原中学校長在任中に亡くなる明治三十五年までの明治期は、まさに日本の近代的教育制度の草創期・改変期であった。「小学校令」「中学校令」「師範学校令」が公布され、改変されていく過程であり、自由民権運動が国権によって息の根を止められ、明治二十二年には「大日本帝国憲法」が発布され、翌二十三年には「教育ニ関スル勅語」が発布された。そしてそれに連動して日清戦争後は国家主義が加速されていくなかで、国民教育としての小学校教育もその教員を養成する師範学校教育も管理的な制度や方法が強まってきていた時代であった。大江の教諭在任中はその過程にあった。しかし大江は、管理的なドイツのヘルバルト派の教育方法を批判し、フランスのコンペレーの自由と自発性を重んずる教育理論とその実践を貫こうとした。大江の教師としての生涯を検証することにより、日本の近代教育草創期の正と負を、ひとりの教師の姿のなかに如実に読みとることができる。そして大江がみずからの教育理念とその実践を身を賭《と》して貫いた先駆性はまた、部落解放運動の全くなかった明治期における個人的な「部落差別」とのたたかいであったのである。そしてそれは「忍と力」の哲学に根ざしたものであった。

「大江磯吉が『忍と力』を培うために、困窮のなかを上級学校に進学し優秀な成績を修めたことは讃えたい。しかしそれは大江だけの特例であって、他の人には通用しないのではないか」という素朴なそして率直な問いをいだく人に対して、私見を付記しておきたい。

たしかに誰もが大江と同じようにはできない。大江に学ぶということは、大江と同じようにやらねばならないということではない。時代状況も違うし人はそれぞれに個性も違っている。大江に学ぶということは、大江の生き方とその哲学を、現在の自分の生き方のなかで自分なりにどう生かすかということである。大江の生き方を自分なりに生かすには、自分の個性や志望にふさわしい生き方を自主的に選択し、試行していくということである。明治の時代状況のなかで師範学校教諭への道は、大江の個性が選んだひとつの道にすぎない。それを社会的地位《ステータス》の高さだと短絡的に考えるのは人権意識の鈍磨している人の考え方である。どの学校であろうと、どんな職業であろうと、みずからの好きな道をみずからの意志で選び、それに生き甲斐を見出すとともに、他人の立場をも理解してゆく生き方こそ、価値ある生き方である。

大江磯吉は、人権（human rights）についての法律もなく身分差別を当然としていた明治の社会で、それゆえに差別によって排斥された。が、その受難とたたかってみずからの教育者としての志を貫いていった。けれども大江の志とたたかいの内実を理解し共鳴した同志や大江の教えに親炙した人は、限られた周辺の少数の人びとでしかなかった。それほど時代の圧力は重かったのである。それゆえその重圧のなかへ大江が渾身《こんしん》の力を込めた「飛礫《つぶて》」は、小さな波紋しか起こさなかった。しかしその小さな波紋は、差別を温存していた擬似《ぎじ》近代の社会構造の見えにくいところに、小さいが確かなインパクトを与えたことと思う。「真理の神はひとつひとつの細部に宿りたまう」からである。

注

（1）伊東喜知については、鶴見亨「小説『破戒』構想化の経緯（一）」（法政二高『研究と評論』第三二号、一九八四年）に詳しい記述がある。

（2）小諸市立芦原中学校十周年記念誌『梅花教育の歩み』（一九六九年十一月刊、非売品）に拠る。

（3）水野都沚生「島崎藤村をめぐる五人の長野師範生」（『信濃教育』一九六四年四月号）を参照した。

（4）「紫屋」については、佐藤泰治の教示および中沢武人からの聞き書き（『明日を拓く』第八号、一九九四年）を参照した。

（5）『尚天堂日誌』は、矢沢梅太郎・矢沢庄次郎の自筆日記で、孫の矢沢尚《ひさし》所蔵。——梅太郎（兄）が明治二十一年から明治二十五年まで、庄次郎（弟）が明治三十一年から明治三十五年までおよび明治三十九年から明治四十年までしたためたもの。和紙に筆で書かれた和綴《わとじ》で、全十二冊。

（6）青木孝寿「『破戒』のモデル・大江礒吉の人間像」（長野県諏訪二葉高等学校二葉会『天つ野』第五十三号、一九九三年三月発行に収録、非売品）に拠る。

（7）明治十九年七月十五日の長野県師範学校卒業式の詳しい式次第等は、青木孝寿「『破戒』のモデル大江礒吉の新資料」に収載されている（初出は一九七五年四月発行の『信州白樺』第十七号、のち青木の著書『近代部落史の研究——長野県の具体像』部落問題研究所、一九七八年刊に収録）。

（8）水野都沚生「『破戒』に登場する猪子蓮太郎のモデル大江礒吉」（『國學院雑誌』一九六二年七・八月号）に拠る。水野都沚生はこのとき長野県下伊那農業高等学校国語科教諭。

（9）小林郊人「『破戒』のモデル——猪子蓮太郎こと大江礒吉」（『信州及び信州人』一九四七年

三・四月号、五月号、八月号）に拠る。小林郊人は当時飯田市立図書館長。
(10)（8）の水野都沚生論文に収載。
(11)浅岡一の「民撰議院設立建白書」の原文は、元長野県教育史編纂委員・伴野敬一の教示に拠る。
(12)浅岡一晩年の会津中学校長時代のことは、福島県立会津高等学校学而会『學而會雑誌』第八十五号（一九九三年三月発行）・第八十六号（一九九四年三月発行）収載の、佐藤隆夫「会中人物伝(5)浅岡一――異彩を放った紋平先生」を参照した。
(13)伴野敬一「長野県における部落問題の教育史的研究――明治前半期を中心として」（『長野県近代史研究』第九号、一九七九年五月発行）に収録されている。
(14)〝部落学校〟については、（13）の伴野敬一論文を参照した。
(15)（9）の小林郊人論文に収載。
(16)（8）の水野都沚生論文に収載。
(17)赤塚康雄「『破戒』のモデル・大江礒吉と大阪」（大阪市教育センター所報『おおさか』第四号、一九八五年十月発行）、「続・『破戒』のモデル・大江礒吉と大阪」（同第十八号、一九九〇年十月発行）に拠る。
(18)篠村昭二著『鳥取師範物語』上巻・下巻（富士書房、一九九二年）に拠る。
(19)（18）の篠村昭二の著書に拠る。
(20)（8）の水野都沚生論文に収載。
(21)下條史学会（長野県下伊那郡下條村）総会における関島祐輔の講演記録「大江礒吉の生涯に学ぶもの」（一九九四年発行の『伊那』誌に、三月から九月まで三回にわたって収載）。

(22) 篠村昭二と宇田川宏からの東あて私信。
(23) (8) の水野都沚生論文の記述に拠る。
(24) (18) の篠村昭二の著書に拠る。
(25) (18) の篠村昭二の著書に拠る。
(26) 篠村昭二著『風雪の砂丘』(第一法規出版社中国支社、一九八三年) に収載されている。
(27) 荒木謙著『「破戒」のモデル　大江礒吉の生涯』(解放出版社、一九九六年) のなかの〝柏原中学校長時代〟の記述に拠る。荒木謙は兵庫県立柏原高等学校教諭。
(28) (27) に同じ。
(29) (7) の青木孝寿論文に収載されている。
(30) (27) に同じ。
(31) (8) の水野都沚生論文の記述。
(32) (9) の小林郊人論文と (8) の水野都沚生論文の記述に拠る。
(33) (8) の水野都沚生論文の記述。
(34) 「西尾実の生涯と学問」を『下伊那教育』に執筆連載中の安良岡康作の教示による。『風蝶花』は一九八四年刊の私家版。

大江磯吉年譜

＊嘉永4（1851）年9月、磯吉の祖父仙之助と父周八は、「領分払」赦免となり、飯田藩下殿岡村へ帰参する。安政2（1855）年10月、磯吉の父周八は佐々木甚四郎の娘志のと結婚。そして安政5（1858）年6月10日に兄虎之助が誕生した。

慶応4年（1868）

5月22日　信濃国伊那郡下殿岡村四〇番地（後の長野県下伊那郡伊賀良村下殿岡、現・飯田市下殿岡）に、父周八・母志のの二男として生まれる。「磯吉」と命名される。

明治3年（1870）　2歳

弟猪吉が生まれる。

明治7年（1874）　6歳

9月、上殿岡村下殿岡村組合立の知止小校（後の殿岡学校）に入学。

明治11年（1878）　10歳

7月に殿岡学校（下等科）を抜群の成績で卒業。9月に飯田町の下伊那郡飯田学校上等科に入学。家から学校まで往復約12キロメートルを歩いて通学する。

明治12年（1879）　11歳
弟猪吉九歳で死亡。兄虎之助がきんと結婚した。

明治13年（1880）　12歳
7月に姪なを江が生まれる。

明治14年（1881）　13歳
5月に妹宇女が生まれる。7月に飯田学校上等科を卒業。「八年学期小学全科」卒業生は六人。大江は「試験成績優等」につき長野県から『日本政記』を賞与される。そして9月1日から同校下等科の助教（授業生）に採用される。この年兄虎之助出奔し、11月にきん離縁。

明治15年（1882）　14歳
6月に飯田学校助教（授業生）を解任される。父の励ましと隣家の矢沢梅太郎・庄次郎兄弟の支援により、6月27日に、飯田町に創設された郡立下伊那中学校に進学。

明治16年（1883）　15歳
秋ごろ祖父仙蔵（仙之助）76歳で死去。

明治17年（1884）　16歳
9月1日に、新設の長野県中学校飯田支校初等中学科第二級に編入学。武信由太郎教諭・大田幹助教諭の励ましを得て刻苦勉励する。

明治18年（1885）　17歳
7月に長野県中学校飯田支校第一回生として最優秀の成績で卒業。このころ父周八が54歳で死去。小平家と養子縁組をし「小平礒吉」を名乗る。9月1日、長野県師範学校（松本町）高等師範科

第二級に編入学。

明治19年（１８８６）　18歳

２月に「学術優等・品行方正」により給費生となる。７月15日、長野県師範学校高等師範科を第二番の成績で卒業。卒業式のなかで附属小学中等六級生に「修身科」公開授業。９月２日付で諏訪郡平野学校訓導として赴任（月俸11円）。出身への差別を受け、９月９日付で長野県尋常師範学校（長野町）「出仕」となる（月俸12円）。

明治20年（１８８７）　19歳

５月10日付で長野県尋常師範学校附属小学校訓導に任ぜられる（月俸12円）。

明治21年（１８８８）　20歳

４月１日、附属小学校訓導在任のまま高等師範学校文学科に入学。これは長野県尋常師範学校長浅岡一の配慮によるもの。

明治23年（１８９０）　22歳

前年から小平家と離縁手続きを進めていたが、８月27日付で大江家に復籍する。

明治24年（１８９１）　23歳

２月23日付で伊賀良村下殿岡四六番地に分家する。４月１日、高等師範学校文学科を最優秀の成績で卒業。浅岡一の配慮により４月８日付で長野県尋常師範学校教諭に採用される。教育学担当（月俸40円）。４月23日付で小学校教員学力検定試験委員を委嘱される。６月14日の信濃教育会常集会で「形式ト秩序ニ就キテ」演説。８月の信濃教育会主催による教員夏期講習会で心理学を講義。10月11日の信濃教育会常集会で「判断ノ方法」について演説する。

明治25年（1892）　24歳

2月から3月にかけて、長野県学務課の委嘱による小県郡内小学校の巡回指導を行う。5月4日付で長野県尋常師範学校附属小学校主事に任ぜられる。8月5日から19日まで飯山町で開催された下水内郡教員夏期講習会の講師を務める。このとき宿舎で出身による差別を受ける。このことが原因となって、長野県尋常師範学校教諭職排斥の動きが広まる。

明治26年（1893）　25歳

4月1日付で大阪府尋常師範学校教諭に転任する（月俸当分42円）。このころ神谷つまと結婚。6月14日付で小学校教員定期乙種検定委員を委嘱される。7月31日発行の『私立大阪教育会雑誌』第85号に論文「拒反ノ情」を発表する。11月12日に要請により奈良県教育会へ出張指導に赴く。

明治27年（1894）　26歳

4月18日付で臨時小学校教員検定委員を委嘱される。6月ごろ郷里の母・志のが勤務校を訪ねたことが原因して、8月の夏休みに大阪府尋常師範学校生徒が、長野県へ大江教諭の「身元調べ」に行く。そして夏休み明けから追放運動が起こる。

明治28年（1895）　27歳

3月31日発行の『私立大阪教育会雑誌』第百五号に論文「自由と抑制」を発表。4月12日付で鳥取県尋常師範学校教諭に任用され、附属小学校主事兼任となる（月俸45円）。これは同校の小早川潔校長の配慮によるもの。8月1日に小学校教員講習会講師として米子へ出張。9月4日付で常設小学校教員検定委員を委嘱される。

明治29年（1896）　28歳
5月20日に小学校教員講習会講師として倉吉へ出張。10月16日付「至急　親展」便で、郷里の矢沢庄次郎あてに、兄虎之助の娘なを江の戸籍問題について懇ろな依頼をする。

明治30年（1897）　29歳
6月21日付で鳥取県尋常師範学校舎監兼任となる。8月8日発行の『山陰之教育』第二十七号に論文「五段教授法につきて」を、9月8日発行の同誌第二十八号に「教育の主義」を発表。

明治31年（1898）　30歳
8月1日に講習会講師として米子へ出張する。

明治32年（1899）　31歳
6月に鳥取県師範学校長三橋得三退任、後任として安達常正校長着任。

明治33年（1900）　32歳
1月25日付で小学校規則調査委員を委嘱される。2月、安達校長から附属小学校主事を解任される。9月5日付で小学校教員検定常任委員を委嘱される。9月21日付で叙「正八位」。11月29日付で鳥取県師範学校舎監長を免ぜられ、休職を命ぜられる。大江の同僚都田忠次郎ら四人も共に休職を命ぜられる。12月14日鳥取を出立して同17日に伊賀良村下殿岡に帰郷する。

明治34年（1901）　33歳
3月31日付で兵庫県柏原中学校長に復職任命される（年棒900円）。11月11日付で叙「従七位」。

明治35年（1902）　34歳
12月23日付の俸給改訂により年棒1千円。

3月22日に柏原中学校第一回卒業証書授与式、4月26日に創立記念式典挙行される。5月中旬、東京で開催の全国中学校長会会議に出席。6月18日に盲腸周囲炎兼腸管狭窄症を発病。やがて危篤に陥るが関係者の尽力で危機を脱する。7月21日に念願の「学友会」発会式を済ませた翌22日、かねて知らせを受けていた重病の母志のの看護のため急いで柏原町を発ち、7月23日の夕刻に帰郷。体調が回復していないなかでの献身的な看護がたたって、8月20日に流行の腸チフスに感染、9月5日午後7時ごろ死去。享年34歳3か月余。大江を知るさまざまな人に哀惜された。9月20日発行の『鳥取県教育雑誌』第八十八号に、都田忠次郎の「故　大江磯吉君」掲載される。12月7日に母志の65歳で死去。

＊　明治36（1903）年8月、下殿岡共同墓地に、碑陰に撰文を刻んだ「従七位大江磯吉之墓」が建立された。そして磯吉の妻・つまは、昭和12年（1937）4月9日に東京において66歳で死去。亡夫・磯吉の墓に埋葬された。

選書版解説

「大江磯吉」の存在を文壇に初めて明らかにしたのは、島崎藤村が明治39（1906）年6月発行の『文庫』に執筆したエッセー「『破戒』の著者が見たる山国の新平民」である。その後に大江に言及したものは管見によれば、啞峰生（高野辰之）が明治42年（1909）年4月発行の『趣味』第四巻四号に寄稿した「『破戒』後日譚《ごにちものがたり》」と、与良松三郎が大正6（1917）年3月4日付「名古屋新聞」に執筆したコラム「特殊部落の先生」だけである。戦前においてはこれら2編を孤絶させたまま、日本近代文学研究においても近代部落史研究においても近代教育史研究においても全くアプローチがないまま、大江の実像は埋もれていた。

しかしただひとつ、下伊那郡飯田町で発行されていた「南信新聞」の小林孤燈《ことう》記者（本名・實三郎）が、同紙の大正8（1919）年3月1日から23回（一回約800字）にわたり「小説『破戒』其のまゝ」の標題で読み物風に執筆連載したことを知った。このことは、1996年に長野県同和教育推進協議会が同和教育ビデオ「大江磯吉に学ぶ」を制作した際、請われて制作委員長の責を負った私が、中山英一氏（長野県同和教育推進協議会顧問）から教示されたものである。孤燈は明治30（1897）年9月に長野県下伊那郡上郷村（現飯田市）に生まれ、独学で力をつけ20歳で南信新聞社の記者になった。記者として下伊那郡内の取材活動のなかで、たまたま大正7（1918）年の春、ある教員から「小説『破戒』の主人公のモデルは伊賀良村下殿岡出身の大江磯吉である」旨の伝聞をきいた。かねて『破戒』を読んで感動していた孤燈記者は、正義感と探究心に燃えるままに、大江に関する古老からの伝聞の取材を続けたのであった。孤燈記者が「南信新聞」に執筆連載した「小説『破戒』其のまゝ」を入手して読んでみると、ルポルタージュではなく読み物風に描かれており、潤色や謬見もあり欠落している事実も多いが、全国水平社創立より3年も前に、大江の生涯像の描出に先鞭をつけた意義は見逃せない。

大江についての本格的な論考は、孤燈記者の読み物風記事から28年経った戦後の昭和22（1947）年に小林郊人氏が『信州及び信州人』に発表した「『破戒』のモデル─猪子蓮太郎こと大江磯吉」である。飯田市の郷土史家だった小林郊人氏がこの論文を書いた契機は、孤燈元記者から大江のことを聞いて触発されたからであった。それから15年経った昭和37（1962）年に、長野県下伊那農業高等学校教諭の水野都沚生氏が『國學院雑誌』に「『破戒』に登場する猪子蓮太郎のモデル大江磯吉」を発表した。水野氏の論考は、小林郊人論文よりも大江の実像が詳しく述べられているのは、下伊那郡農学校（水野氏の勤務校の前身）を卒業した矢沢尚治《なおじ》氏と出会ったことにより、尚治氏が「ぼんやりした記憶の糸をたぐって」養父・矢沢庄次郎氏の『尚天堂日誌』を「土蔵の奥から探し出して呉れた」ことによる。

この二人の論文は、大江磯吉像に先鞭をつけたもので研究史的意義も大きい。藤村文学研究者や近代史研究者が大江磯吉像の概要を知ったのは、小林・水野論文からである。しかしこれらの論考には、謬見もあり解明されていない欠落部分も多い。

水野都沚生氏の論文発表から13年経った昭和50（1975）年に、当時長野県史編纂委員だった青木孝寿氏が『信州白樺』第十七号に「『破戒』のモデル大江磯吉の新資料」を発表した、この論考の特色は、いままで知られていなかった長野県尋常師範学校卒業式における大江の姿を長野県庁所蔵文書に拠り、長野県尋常師範学校の教育学教諭大江の精神の姿勢にかかわる面を与良松三郎の残したコラムに拠って、それぞれ初めて明らかにしたことである。

ついで昭和54（1979）年に、当時長野県教育史編纂委員だった伴野敬一氏が、『長野県近代史研究』第九号に「長野県における部落問題の教育史的研究――明治前半期を中心として」を発表した。この論考は、長野県尋常師範学校で大江教諭に教わった伴野文太郎の「回想記」などの諸資料に拠って、いままで欠落していた明治期の佐久地方における同和教育の実態を初めて明らかにし、大江の生きた時代状況を照らし出したところに特色がある。

このころ私は、『破戒』と「部落問題」とのかかわりを究明しているなかで、唖峰生（高野辰之）の「『破戒』後日譚《ごにちものがたり》」を日本近代文学館で探し出し、このなかで高野が言及している明治25年夏の飯山町（現飯山市）における大江磯吉差別事件の全容を解明した。

さらに私は、『破戒』と「部落問題」とのかかわりの探究を続けるなかで、知友の青木・伴野両氏の協力をえて、与良の「特殊部落の先生」が収載されている大著『記者生活二十三年我がまづい文集』の完本を、小諸市立図書館の禁携出の図書・史料の置かれていた書庫のなかから探し出すことができた。

これらによって、水野論文では欠落している長野県尋常師範学校教諭時代の大江の実像――受難の時代的状況とそのたたかいの精神を具体的に知ることができたのであった。

しかし、大江のその後の大阪府尋常師範学校教諭時代、鳥取県尋常師範学校教諭時代、兵庫県柏原中学校長時代の実像については、いまからおよそ40余年前は、前掲の青木論文に柏原中学校長時代の大江に関する未見の資料の一部分が収められている以外は、ほとんど究明されていなかった。しかし私自身その後の探究を続けるなかで、二人の研究者が発掘した新資料と出会うことができた。

大江の大阪府尋常師範学校教諭時代のことは先行研究が全く欠落していて長い間不明のままだった。が、昭和60（1985）年に大阪市教育センター指導主事の赤塚康雄氏が『私立大阪教育会雑誌』などに収載されていた大江磯吉の論文9編を発掘された。私はこの論文9編を入手し検討してみて、大阪府尋常師範学校教諭時代の大江の研究内容と思想を知ることができた。師範学校内における人間関係などの具体的な行動はいぜん不明であるが、受難を支えた精神の姿勢は如実に感得することができたのである、私は本書のなかで、大江の論文9編のうち、きわだって特色のある「拒反ノ情」と「自由と抑制」の2編を精察し、それを通して大阪時代の大江磯吉像の描出を試みた。

鳥取県尋常師範学校教諭時代の大江については、鳥取県近代教育史研究者の篠村昭二氏が、昭和58（1983）年刊行の『風雪の砂丘』と平成4（1992）年刊行の『鳥取師範物語』の両著のなかで、教育者大江の実践的な姿とそれをとりまく鳥取県教育界の状況をさまざまに述べている。特に『風雪の砂丘』に収められている大江磯吉から都田忠次郎あての書簡2通と『鳥取県教育雑誌』第八十八号に都田忠次郎が寄稿した「故大江磯吉君」は、鳥取時代の大江の先見的な教育理念とその実践を知ることができる貴重な資料である。私は、篠村氏の発掘したこれら資料を仔細に考察することによって、鳥取県尋常師範学校教諭時代の大江像をより深く知ることができたのであった。

兵庫県柏原中学校長としての大江磯吉像の研究に先鞭をつけたのは、青木孝寿氏である。前掲「『破戒』のモデル大江磯吉の新資料」のなかで青木氏は、昭和42（1967）年発行の『兵庫県立柏原高等学校創立七十周年記念誌』上の「兵庫県立柏原中学校沿革史」と明治36（1903）年6月創刊の柏原中学校『学友会誌』第一号を参照し、さらに柏原中学校二回生で高齢の今川武一郎氏からの私信を得て、初めて柏原中学校長時代の大江像の概要を明らかにしている。

青木論文から21年経った平成8（1996）年に、兵庫県立柏原高等学校教諭の荒木謙氏が『「破戒」のモデル　大江磯吉の生涯』を出版した。この著書のなかの柏原中学校時代の大江像については、資料にもとづいて青木論文よりも詳細に述べられている。この記述部分は参照した。しかし、荒木氏の著書内容のうち、大江の長野県時代・大阪府時代・鳥取県時代の叙述には不適切な部分が多い。特に長野県時代の大江磯吉にかかわる叙述では錯誤や謬見が目立ち、私見では20カ個所余りにのぼっている。主要な誤謬については、私の論文「大江磯吉論―『破戒』のモデルの実像とその研究」（東日本部落解放研究所紀要『解放研究』第十一号）に、論拠を挙げて指摘しておいた。

さらに本書のなかで一部分言及した飯田市在住の関島祐輔氏の「大江磯吉研究」についても、その誤謬に関して付言しておきたい。関島氏は長野県内の何カ所かで大江磯吉について講演をしているが、その講演記録を収録した雑誌『伊那』（1994年発行）や南安曇郡堀金村教育委員会発行の冊子『大江磯吉の生涯に学ぶもの』（1993年）などをみると誤謬や潤色が多数散見される。私は荒木謙氏と関島祐輔氏がそれぞれに、大江磯吉に深い敬愛の念をいだいていることには感銘している。しかし大江を敬愛していることと、叙述され記録されている大江像のなかの誤謬とは、峻別せねばならないと思っている。大江磯吉を敬愛すればするほど、誤謬のある大江像がひとり歩きするのを残念に思うからである。

しかし平成26（2014）年に、安曇野市在住の藤村研究家水野永一氏が、大江磯吉が信濃教育会南安曇郡支会の教員講習会で講じた教育学の全容を発掘し上梓した。これは長野県尋常師範学校教諭時代の大江を知るための貴重な営為の一つであった。

＊＊＊

本書の執筆にあたっては、既刊の拙著『「破戒」の評価と部落問題』（明治図書、1977年）『続「破戒」の評価と部落問題』（明治図書、1981年）『人権感覚を深めるために』（銀河書房、1988年）と、既発表の拙論文「大江磯吉論―『破戒』のモデルの実像とその研究」（東日本部落解放研究所紀要『解放研究』第十一号、1998年1月発行）を基軸に据えた。

小説『破戒』の研究については、平野謙、平岡敏夫、藪禎子各氏に先駆的と評価された。また、『「破戒」の評価と部落問題』について、日本政治思想史の碩学丸山眞男氏から、昭和52（1977）年9月25日付で次のような私信（みすず書房『丸山眞男書簡集』所収）を頂いている。

謹啓、このたび『「破戒」の評価と部落問題』の御高著を御贈り下さり、御好意のほど感謝に堪えません。私は近代文学史にもまた部落問題にも素人にすぎませんが、中央の「論壇」からの裁断でなく、とくに現場の教育者として高校生の受けとめ方を通じて問題に迫って行かれる態度には深い敬意と共感を覚えます。汗牛充棟の大手出版社による出版洪水――もしくは出版公害！――のなかで、貴著のような御労作に接することはえがたい喜びです。御筆硯ますます多祥ならんことを御祈りして一言御礼の言葉に代えさせていただきます。草々

これらに、かねてから収集してきた大江磯吉にかかわる文献・資料のうち、特に巻末に「注」記した小林郊人・水野都沚生・青木孝寿・伴野敬一・赤塚康雄各氏の論文、篠村昭二氏の著書、および荒木謙氏著書のなかの〝大江の柏原中学校長時代の記述部分〟をそれぞれ再参照したほか、新しく確認した資料も補足した。

このような経緯に立って、本書を評伝的に書き下ろすに際して、既刊・既発表の私自身の著書・論文、いままでに収集した大江にかかわる文献・資料については、改めて検証し直した。そのなかでみずからの誤謬個所や不備な論述も発見したが、先行研究論文にも誤りや欠落や究明に不備なところのあることも改めて知った。

たとえば、大江の家族について――磯吉の父周八に嫁いだ「志の」の出身や年齢も混乱

しており、磯吉に「実母志の」と「継母つね」がいたという説があり、磯吉の兄「虎之助」が義兄だとする説がある。このたび私は、「宗門帳」や飯田市保管の旧下殿岡村の「除籍謄本」や『尚天堂日誌』などを総合的に再検証してみて、これらの誤りに気づいた（その内実については本書に詳述したとおりである）。

　また、大江の名前は「磯吉」「儀吉」と両方使用されているが、このたびの本書における叙述ではすべて「磯吉」とした。その理由はいくつかある。ひとつは本書のなかでも言及したように、大江は長野県尋常師範学校入学のころの一時期小平家の養子となったが、そのときを契機に以降は自筆の履歴書や書簡や原稿などには「儀吉」と署名している。しかし「磯」と「儀」は同義語で訓読みはともに「いそ」であるゆえ、これは改名ではないということである。さらに、磯吉は誕生したとき父周八によって「磯吉」と命名され、壬申戸籍の大江家欄にも「磯吉」と記載されている。また『私立大阪教育会雑誌』等に発表した県尋常師範学校教諭辞令按にも「大江磯吉」と記載されている。『尚天堂日誌』の矢沢庄次郎氏の記述も「磯吉」となっている。そして下殿岡共同墓地の墓碑には「従七位大江磯吉之墓」と刻まれており碑陰の撰文中にも「磯吉」と刻まれている。これらのことから私は、「大江磯吉」に統一して叙述した（ただし本書に引用した大江の書簡・論文等は、本人の署名したままの「礒吉」とした）。

少年時代の大江礒吉を支援しその後も交誼を続けた「尚天堂」一家のことについても、諸文献には具体的説明が乏しく誤りもある（たとえば、矢沢家は歴代医者であり、矢沢由平氏も庄次郎氏も医者であったなどは誤りで、医者になったのは梅太郎氏だけである）。本書で、大江の少年時代とその後に深いかかわりのある「尚天堂」一家の人びとの経歴を具体的に確かに記述することができえたのは、矢沢庄次郎氏の孫の矢沢尚《ひさし》氏から懇ろな資料的協力をえたからである。

大江礒吉は明治35年9月に34歳3カ月の若さではからざる死を遂げたために、その生涯像は長く埋もれていた。それゆえに不明のところが多い。不明のところを叙述する際「伝聞」は手がかりにはなるが、長い歳月のなかで増幅したり曲折したりしがちなものである。大江の場合にも同じ事象が、語る人によって大きく違っていることなどがあるのはそのためである。本書で私は、大江自身の書いた論考や書簡、同時代の関係者の書いた追悼文や回想記を精察することを通じて、大江の心事と思想を追尋するように努めた。

また大江と親しいかかわりのあった人びとのこともなるべく具体的に記述したのは、これらの人びとを通して大江の知られざる面とその時代を照らし出すためであった。例えば、

「尚天堂」一家のこと、浅岡一の閲歴のこと、そして伴野文太郎の先駆的な同和教育実践のことなどに詳しく言及したのはそのゆえである。

＊＊＊

本書『島崎藤村「破戒」のモデル　大江磯吉とその時代』は、21世紀初年の1月に初版が発行され、四回版を重ねて、長野県内外の人びとに愛読されてきた。今回、初版発行以来18年目にあたる平成最終年に、新しい世代からの要請にこたえて補筆改訂した新版が、「信毎選書」として発行されることになったものである。

大江磯吉を発見した島崎藤村が、小諸義塾の教師として小諸町に赴いてから120年が経つ。「はじめに」にもふれたように、私の拙い島崎藤村研究歴において、『破戒』と部落問題」研究のかかわりから大江に関心をもって、断続的に少しずつ調べをはじめてからおよそ50年が経った。

埋もれていた大江の生涯像を私なりに精察し、書き下ろしてみて、115年前に34歳余の若さで亡くなった大江の先駆的な生き方と先見的な思想に、改めて感銘を深くし、その人間的魅力への敬愛の念を新たにしている。そして21世紀の現在を生きるなかでの勇気を触発されたことなどを反芻《はんすう》して感慨ひとしおである。

本書で、私なりに描出した〝大江磯吉の生涯と思想〟を、日本近代文学史、近代部落史、日本近代教育史のなかで、そして現在の同和教育・人権教育のなかで、それぞれに再評価を試みていただければ大変ありがたい。そして不明不備のことどもについてはご教示いただきたく切に念願している。

ここに大江磯吉の生涯像を一巻にまとめえたのは、すでに述べたような親しい研究者・青木孝寿、篠村昭二、伴野敬一の各氏と「尚天堂」の現当主・矢沢尚氏のご協力のたまものである。またかねて私の拙い歩みを厳しい目と温かい目で見守り励ましてくださった郷土長野県の先学・山室静、久保田正文、金澤公男の各氏、日本近代文学研究者・小田切秀雄、紅野敏郎、平岡敏夫、藪禎子の各氏、東信史学会会長の黒坂周平氏、長野県近代教育史研究者の中村一雄氏、日本政治思想史研究者の後藤総一郎氏、作家林郁氏、ジャーナリスト若宮啓文氏、飯田高等学校同窓会長片桐弘彰氏および東日本部落解放研究所の同志に、それぞれ心からお礼を申しあげたい。そして藤村と『破戒』と大江磯吉にゆかり深い長野県の、伝統ある信濃毎日新聞社から本書を「信毎選書」として上梓していただけたことも、うれしいことである。

２０１８年啓蟄の信濃で

東　栄蔵

東　栄蔵（ひがし・えいぞう）

1924年10月長野市生まれ。早稲田大学専攻科修了。信濃毎日新聞社文化部記者、長野県高等学校長、長野女子短期大学教授、長野市民教養講座運営委員会代表兼講師、長野県国語国文学会会長、日本社会文学会理事、東日本部落解放研究所副理事長などを歴任。

現在、島崎藤村研究会主宰、「信州文学館」設立発起人代表。

主な著書に、『「破戒」の評価と部落問題（正・続）』『伊藤千代子の死』『人権感覚を深めるために』『鷹野つぎ——人と文学』『信州異端の近代女性たち』『信州の近代文学を探る』『信州の教育・文化をめぐって』『みすずかる　信州の文化とわが軌跡』『心の血縁を求めて』など。

部落解放文学賞評論部門賞および山室静佐久文化賞受賞。


本書は2001年信濃毎日新聞社から刊行した『藤村「破戒」のモデル　大江磯吉とその時代』を復刊した新装版です。

Shinmai Sensho
信毎選書　25

島崎藤村「破戒」のモデル
大江磯吉とその時代

2018年5月28日　初版発行

著　者　東　栄蔵
発行所　信濃毎日新聞社
〒380-8546　長野市南県町657
電話 026-236-3377　ファクス 026-236-3096
https://shop.shinmai.co.jp/books/
印刷所　大日本法令印刷株式会社

ISBN978-4-7840-7329-0 C0395

定価はカバーに表示してあります。

乱丁・落丁本は送料弊社負担でお取り替えいたします。